# 植物的翻譯師

The Power of Succulent Plants

選擇一個向內突破的力量——原來是多肉植物啊。

作者/許小琬

# 自序

我從青少年開始就是個很用力生活的人，認真勤勞，旁人看我做什麼像什麼，恆毅力爆發像是脫韁野馬，截至目前為止的人生，搬過超過四十次家，我一直無法體會什麼是落地生根，直到進入婚姻後，夫家的疼愛與照顧，不再漂泊，但是自己的內在卻還是像浮萍，常常找不到內心安穩之處，不知道自己在做什麼，這樣空茫的過日子似乎行不通了。

愛因斯坦說：「用相同的方法解決問題，卻期待會有不同的結果，那是精神錯亂。」（Insanity: doing the same thing over and over again and expecting different results.）

必須要改變了，我思索著該怎麼用不同的方法來生活，我不想錯亂我的人生啊！這一切的渾沌直到我種了多肉植物，迷上了組合盆栽才有了改變，他帶著我一步步了解了生命的本質，還有與環境之間的關係，該怎麼過完這短暫的一生，我越來越清楚了，我是何其幸運才能來到這個世界，怎有空苦嘆人生，我要大啖人生啊。

種多肉植物的過程中，有許多機會體驗生、死、愛、生活與哲學，我最大的收穫是我更清楚怎麼樣擔任母親這個角色，孩子是看著父母的背影長大的，我們的世界讓追尋金錢成為內定的生活方式，外在的條件是最常見衡量成功的標準，眾人都走的路，都已鋪好柏油地磚，但大家擠破頭窮極踩踏；無人走的路，充滿泥濘，可是通常山窮水盡、柳暗花明，步入桃花源。人步中年，就是逐漸返還的過程，身體上，逐漸返還大自然；精神上，逐漸返還本真；金錢上，則逐漸返還社會。我們問其他人的第一個問題，通常是「你做什麼工作？」而不是「做什麼可以讓你很快樂？」

**當孩子與先生推開家門，我第一時間一定會問他們：「你們今天開心嗎？」然後我們彼此依靠。我感受到的自然交付給孩子：接受來到生命中的一切；練習因為微小的事物感到全然的歡喜；讓自己可以為別人的滿足感到快樂；可以有走天下的氣魄；我們要回歸自然……這是我能留給孩子最大的財富。**

你有沒有信仰？我一直認為，信仰就是在自己心中不疑的信念。

潛意識是巨大的，像是埋藏在地底的樹根系統，意識則是地面上的植物，吸收淺意識供給的養分。

而灌溉人生的就是信仰。

「以重馭輕」，重的東西，輕輕放下；輕的東西，穩重放下。道盡生命的矛盾本質，舉重若輕才是用心，而不用力過度的智慧表現，是我在注重個人原創力的教學中重要的研究，「這是一種讓你認識自己的訓練，你被帶領著，找到自我主張。」

也是我寫下這本書的本意，如果能藉由自然裡不費力的練習，發覺改變生活的好方法，那麼我就算做好我的工作了。

# 目錄

## 【天】

多肉植物他本身是生命，生命會消失，可是人生不會消失。所以我們種他的時候，有可能養得好，養得漂亮，養得醜……也有可能養壞了，長歪了，掉葉了，「徒長」了，或是，就養死了。當我們看到各種狀況、經歷了各式各樣的過程，他就變成了一種提醒——事實的提醒。因為，在養多肉植物的同時，他變成了我們，變成啟發我們自我認同的第一道開關。

## 【人】

每一個人的欲望多寡，不可以被評斷的，你吃多少，他吃多少，這就是你，這就是他，每個人生長速度不一，每個人需求量不一，我們宏寬地去接受每一個人，你想要什麼，你就要什麼。這一艘「人生之舟」是你的船，不是我的，我只是陪伴你，讓你把你的「人生之舟」做好。



## 【地】

不管我們丟什麼東西到水面上，一定會激起水花、形成一圈圈的漣漪，那一圈圈的漣漪會持續到永遠嗎？他終究會停止的，會趨於平靜。所以，你激烈的情緒一個拋物線丟進來了，或你一個嚴重的事件一個拋物線丟進來了，結果去看都只是我們生命中的一瞬間，而你投擲的每一瞬間，都會造成一些水花或一些效應。

## 【合】

我們這麼小的力量，很難駕馭天地存在的規則，所以我們學習如何在限制下、規則當中，找到你漂亮的姿態，顯現你想要彰顯的模樣。我常常跟同學說，種三棵就好了——天、人、地三界各種一棵，不用想太多，挑自己喜歡的就好，然後仔細觀看他，看天上要掉下什麼？

# 【美】

想像一下一塊布弄成像泥一樣，你可以拉扯、可以堆來堆去，或者像小時候捏黏土一樣，捏成你想要的形狀。我想要的是，以不改變本質為前提之下，又包容了其他的不同，該怎麼結合後有新生的樣貌？這很難耶，這也是我從植物身上學到的，我們可以改變、被改變，同時又不會泯滅我們的本質，這是不是一件很重要、很有趣的事？

## 【天】

多肉植物他本身是生命，生命會消失，可是人生不會消失。所以我們種他的時候，有可能養得好，養得漂亮，養得醜……也有可能養壞了，長歪了，掉葉了，「徒長」了，或是，就養死了。當我們看到各種狀況、經歷了各式各樣的過程，他就變成了一種提醒——事實的提醒。因為，在養多肉植物的同時，他變成了我們，變成啟發我們自我認同的第一道開關。

# 求生

我們經常都會否認現實，「你過得好嗎？」一個很簡單的問題，很多人卻會因為外在的關係，因為社交的面子問題，他不敢講自己過得好不好，欺騙了別人，也欺騙自己，久而久之，欺騙好像變成了事實，事實上他只是一直壓抑著、掩蓋著，一直到有一天在他意想不到的時候終於爆發——他的疲憊原本是心累，然後變成身體的疲勞，然後變成健康上開始亮紅燈，他這才發現，他生病了是一個事實，而導致他生病的另一個事實是他的「逃避現實」。

**多肉植物是幫助我們「自我認同」覺醒的一種工具。多肉植物他本身是生命，生命會消失，可是人生不會消失。所以我們種他的時候，有可能養得好，養得漂亮，養得醜……也有可能養壞了，長歪了，掉葉了，「徒長」了，或是，就養死了。當我們看到各種狀況、經歷了各式各樣的過程，他就變成了一種提醒——事實的提醒。因為，在養多肉植物的同時，他變成了我們，變成啟發我們自我認同的第一道開關。**

這個自我認同的開關很特殊，我用的鑰匙是多肉植物。因為，當我開始去觀照這個生命的同時，我投射到我的「自我」——他看起來好可愛，他看起來讓人想呵護，為什麼我的生活過得不好？我也「徒長」了嗎？植物徒長的原因是陽光不足、水分過高，「徒長」是一種求生的表現。我們又如何表現出「求生」呢？我今天來上班了，我覺得我工作做不出來、我做不好了，可是我卻不敢求救？然而我眼前的生命他在「徒長」，他卻有求救的表現，這是一種很真實的呈現，他不會說話，他也不用說話，我們是不是該向他學習？

**植物都有一個延續自己生命的本能，人也是一樣的。當植物的生命受到威脅的時候，例如「陽光」，是植物的最大的養分來源，當他開始「徒長」，他的莖突然拉長，他的葉子漸漸長得間距變寬，就代表他需要多一些陽光，需要陽光來補充他的營養。**尤其，他的寶寶是「頂芽」，就是長在最中心，或是最頂端的嫩葉，看起來好像是一個蕊，頂芽伸高求生，那就是多肉植物延續生命的方式。

多肉植物是利用頂芽來「求生」，即使他下緣的葉子都脫落了、乾枯了、耗盡了，可是他的寶寶還活著，這就是植物的求生。當我們看到了植物的求生，我們也會反過來觀照自己，投射到自己身上，問自己：我怎麼沒有在求生啊？我也受到了威脅，我也不營養啊，我不開心、我很痛苦……，但我怎麼沒有像植物一樣？他一聲不吭地就勇敢的往前衝，他衝的方向是什麼？是陽光——一種很正向、很正面的，明亮的東西。

多肉植物晚上才會呼吸，他有一個「固碳」的機制。一般的植物是行光合作用，去交換氧氣，像所謂的森林浴，是植物在白天釋放氧氣給我們，然後把二氧化碳吃進去，產生芬多精。而多肉植物非常的特殊，他在晚上氣孔才會打開做氧氣的交換，所以他是在晚上釋放氧氣。很有趣的是，一般多肉植物盆栽都養在陽台上或院子裡，當我們晚上休息的時候，去看看他，晚上的他釋放著氧氣，我們會感覺精神會變好。所以有時候一些養植物的同好，都會開玩笑地說，「你們晚上不睡覺，就是多肉植物養太多了。」

即便我們過得再不好，人生也不會消失。我一直在想為什麼我要寫這本書呢？其實有一點像是一種人生感悟，生命有一天會消失，但只要我們還有知覺，他都是存在的，我們無法否認，他就是一個「事實」。我們在這個事實裡面翻騰，但要如何把這個事實「過好」來，然後又可以接受？這是我們每一個人都應該要問自己的問題。

當我們看到了植物的求生，我們也會反過來觀照自己，投射到自己身上，問自己：我怎麼沒有在求生啊？我也受到了威脅，我不開心，我很痛苦……我怎麼沒有像植物一樣？他一聲不吭就這麼勇敢的往前衝，他衝的方向是什麼？是陽光——一種很正向、很正面的，明亮的東西。

# 你的一個小世界，一個生命縮影的反觀

很多人在設計多肉植物的時候，會希望植物聽他的話，以達到他想要的造型。例如有一朵花向東邊長，可是他想要做一個圓形的盆栽，而每一棵植物的「莖」長度不同，「根」的粗細也不同，偏偏能種進去的位置是向西的……怎麼辦？植物並不是一個假的東西，強扳的話就斷掉了，植物不可能讓他扳頭——往往我們的倔強也一樣，我們也不被扳頭的，不是嗎？我們的本質就是這樣，我們就是改不了啊。所以，我們與植物之間的抗衡就跑出來了。

硬要扳植物的頭的人，他可能平常在工作上，或是在生活上，是硬要扳別人頭的人，那他的挫折會不會產生？對照在植物身上，植物馬上就斷頭、就死了，他會嚇壞了。他會意識到，這個斷頭有如他平常很固執在他生活的社交上，或是其他關係上，他也把人家扳斷了，或者那一棵頭根本就是他自己，他把自己都扳斷了；或是，別人硬要扳他的頭，所以他就被扳斷了，他心死了，心痛了啊，一種膠著就這樣產生了。

一棵植物要去更正他的位置，必須要先連根脫土，再重新移動他的位置，我們永遠扳不了他的頭，這時候施作者、設計者得改變，漸漸地我們就會學得宏觀，他其實只能向東，那我們就得找一個向東的位置給他，這就叫作「應運而生」，順應天命或時勢而降生。從應運而生這個動作中，我們的行為處事也跟著有一個很大的轉變，是幾乎每一個做過多肉植物組合的人，都能夠體會到

**的小小變化。**

我們的生活本就是一種「組合」，有無限多種元素出現在我們的生命當中，我們要如何去排列，讓生命出現我們想要的甜蜜點，或我們需要在不同的聚合中都找到和諧，這件事情，就是人生中不會停止的學習。

所有的設計都是道法自然，自然不會說話，他只是展現，而且他沒有威脅感，所以人在自然中得到平和，然後舒心，這就是自然給人療癒的力量。自然中所有的東西都是從土地開始長出來，我們人腳踏在土地上面，必須要頂天立地，撐在天跟地的中間，因為植物就是這樣頂著，永遠往太陽的方向跑，他的根永遠扎在土地上，我們要向植物學習，這就是植物給我們的意義，藉由組合多肉植物的方式，改變我們看待身邊所有一切的方式。

你是聚合者，就是做設計的人，一切是由你來操作，看看在你的生活當中，夫妻關係是由你操作，親子關係由你操作，金錢關係也是由你操作……生命中沒有一件事情不干你的事，所以，所有的改變，當然也是由你自己開始轉換想法，而在這個時代很多人會叫這個作「覺醒」。

人類的傳承是延續，我們在探討生死的時候，會避死不談，我們人類在思想上面是精神不死、靈魂不死，當無法延續的時候會害怕、非常恐懼，我們不知道該怎麼辦？就像你種下去的一棵植物，你發現他的位置不對了，怎麼辦？硬扳他，他會死；拔起來重種，他也可能會死，你如果是那一棵植物，你怎麼辦？這是「連根拔起」的恐懼，因為未知所以恐懼。

**「連根拔起」就是脫土的時候，你會害怕，你要小心翼翼地把土壤從根部通通都挑開、挑乾淨了，你害怕把根弄斷了，你努力分辨那些「土」跟「細根」深怕重傷了植物，你無法避免恐懼。**

所以，我們為了抵抗恐懼、免於恐懼，就會去學習，學會了就不會怕，你學會溫柔對待他，你學會什麼叫作「修根」，只要季節對了，時機對了，你也不需要害怕修根，一切都是有方法的。我們的生活也是一樣的，一切都有方法的——擁有一棵植物會變成你的一個小世界，一個生命縮影的反觀。

圖 紫黑法師

植物並不是一個假的東西，強扳的話就斷掉了，植物不可能讓我們扳頭——往往我們的倔強也一樣，我們也不被扳頭的，不是嗎？我們的本質就是這樣，我們就是改不了啊。所以，我們與植物之間的抗衡就跑出來了。

# 我思故我「現」

每一天一張開眼睛，你就開始做選擇，要不要賴床？要不要出門？要吃冬粉還是要吃麵包？各式各樣的選擇，每一個選擇都是你的選擇，每一個選擇都會讓你的一天變得不一樣。所以，學多肉組合最重要的第一件事就是挑植物。

你在一間園藝店裡挑了植物，或者你挑好植物請人家幫你組合，你挑好結帳了，是不是就不能換了？我們人生也是這樣啊，你的伴侶是你自己挑的，很多東西、很多事情是你自己的選擇，你怎麼總是有這麼多的藉口去否認？「他」就是你挑的，結果都跟你有關係，這就是事實。

我們來練習，從「挑選」中你學會「甘願」。多肉植物對我們來說沒有任何利害關係，我們只是挑一盆植物，心中不會有芥蒂，只會從我們的直覺跟最真實的感受去挑選。然而，我們學會斟酌在生活中的所有關係，那影響了我們每一天、每一分鐘，我們不斷思量那些關係中的感受是真實的嗎？是確定的嗎？於是，我們藉由多肉植物感受「如實地」陳述。

譬如你挑了一盆「雅樂之舞」，一開始的時候，我可能不會告訴你這個名字，你也不用想他叫什麼名字，你就馬上選，選一盆看起來最喜歡的、最順眼的，或你有什麼感覺都沒有關係，你就挑來，我們好好地去表達一下你對他的感覺，然後我們再來去檢視你的感覺，這是一種認知的輔助，有時候我們的認知是錯誤的，大部分我們的痛苦跟矛盾，都是因為我們的認知錯誤了，所

**以我們找很多藉口跟理由來逃避，而「接受你選擇的，愛你所選擇的」就是我們的「開始」。**

當你選擇了以後，再來就是如實地陳述你觀看他的感受。每個人感覺都不同，對不對？事實上，我們的「感受」是有一個大通則的，例如明明這棵植物，百分之九十九點九九的人都覺得他好可愛，你看了以後卻說他好可怕，那我們就要找到問題的癥結了。例如「雅樂之舞」顧名思義，他的葉子小小的、圓圓的，看起來像一隻隻在飛舞的小蝴蝶，再加上他的枝條形狀是蔓長的，因此就有了律動，每一個人看到都會覺得很快樂，所以我們在一些植栽的表現，會把他當成一種幸福，以及一種跳躍的律動。可是，如果你一開始對雅樂之舞的認知錯了，你可能把他當成雜草埋在裡面，你的雅樂就不見了，舞動也消失了。

我常常會跟同學說「我思故我『見』」，「我思故我『現』」，不是笛卡爾的「我思故我『在』」。「見」是一開始，本來每個人都會看見的，你在想什麼，你就會看見什麼。可是，由心理學來說，動作傳達的是「我思故我現」，我有這種想法，我才會有這樣的舉動，我才會說出這樣子的言語，不是嗎？**動作心理學，具體會涉及隱藏在面部表情和肢體動作背後的微妙心理活動，所以如果你心裡想的「雅樂之舞」，他就是一株乾巴巴的植物，他是醜惡的樹枝，只是枯枝而已，事實上你心裡沒有愉悅，你心裡沒有快樂，所以你當然看不見。**

再舉一個例子「卷絹」，又稱觀音蓮。他叫卷絹的時候，你會想像他好像疊在一起一卷一卷的，可是他又叫作觀音蓮，也就是說他長得像蓮花，像茂密的蓮花座一樣。這些其實都是俗名，是由觀賞者發揮內心的感受力創造出來的名字。因為蓮花座的象徵，感受便有了意義。我們在做多肉植物設計組合的時候，觀音蓮通常會被認為是高雅、綿密的——他的特性是母與子長在一起的，經常是聚合的、慈悲的一種呵護表現，也因此，觀音蓮經常被用來呈現一個慈愛的表現。

我想分享的是，不論是什麼名稱的植物，只要你好好地加以詳述自己的感受就可以了。你只要去體認自己的感受有沒有錯誤的地方？在一般的通則上，是否在一個大家都有相同感知的層次裡，只有你一個人不覺得？這件事情沒有對錯，你只需要知道自己在認知上跟別人不一樣，你瞭解了這一點，這樣也可以的，並沒有要強迫你去改變。如果，你發現自己跟別人不一樣，會對你或他人造成傷害，那你就應該有一些想法了，想法的知曉會讓你的態度變得不一樣，也許，從學習其他的觀點，提供了你另一個新的方法，你就不再感到與周遭的一切格格不入了，你的痛苦就會消弭，這是一個很簡單的紓壓跟認知的改善。

我們來練習，從「挑選」中你學會「甘願」。多肉植物對我們來說沒有任何利害關係，我們只是挑一盆植物，心中不會有芥蒂，只會從我們的直覺跟最真實的感受去挑選。然而，我們學會斟酌在生活中的所有關係，那影響了我們每一天、每一分鐘，於是，我們藉由多肉植物感受「如實地」陳述。

# 「守」、「破」、「離」

市場上出什麼品種，我們就做什麼組合，就像現在的季節有什麼蔬菜，我們就吃什麼蔬菜。例如在夏天做的組合盆栽，我可以想要「月兔耳」，月兔耳是屬於夏天生長的品種，我也可以想要「黑王子」，黑王子也是夏天生長的品種，但我不能說我要「桃美人」，桃美人是冬天生長的品種，我不能硬要選這三種加在一起組合，他們明明生長的季節不同，怎麼能夠聚合在一個盆栽呢？夏季生長的品種與休眠的品種需水量不同，所以，「強求」這也是一種認知上的錯誤。

談到我們人的命運，在日文中我們會分「男時」或「女時」，也就是男生的時間跟女生的時間，「男時」就代表你順風順水的時候，「女時」就代表你一波三折的時候，你今天硬要一個冬季品種跟夏季品種在一起的時候，你就創造了「女時」。「女時」就是一波三折的意思，也就是說你自己就創造了自己的一波三折。

**接下來我們會談到「守」、「破」、「離」。在「守」裡面有一些規則，你必須要按照一些步驟，循規蹈矩的去學成，這一段是第一階段，不能急、要有耐心，你好好地先在實務上弄清楚了，該學的步驟跟技術你就都能夠明白了，比學習各種理論重要，自然會走入第二個階段。「破」就是在你把規則搞清楚以後，開始去打破一些限制，可以因地制宜、靈活運用，你去做了延伸之後，這個階段開始思考理論，也可以參考其他不同作法。最後才會有了「離」，就是超越所有規範的**

**限制，自創一格，達到有招勝無招的境界，那是更精粹的思想，你做出了獨樹一格的東西，這就是「離」。**

「守」、「破」、「離」是連貫的，他很難拆開來，他是一條線的，你動一髮而牽全身。比方說，每一棵植物從翻譯的語言就不同，為何不同？因為感受不同。而不同感受的認知就會不同，不同認知的幸福度也會不同，而當幸福度不同，我們就要開始學著耐心地去等，先想辦法守住，然後再破，然後再離，最後才會有一個獨樹一格的，你的甜蜜點。

所以，你做的任何一個決定，再細微的一個決定，都足以去改變你的下一刻。養植物就是一個很深奧的學習，也有一些人是樹藝師，他們一坐下來就先仔細觀看一棵樹的形狀，然後去修剪，他每做一個動作，修掉一片葉子，剪掉一根枝條，他都要看半天，那他在看什麼？他在看一棵樹往後的發展，還有過去的生長的痕跡。所以，從過去到現在，是一條連續的線，是一個真實的存在，即便其中有爛的、壞的、好的、美的，都是存在的一個事實。所以，我們教授存在的事實，我們會去分享所有來到我們身邊的一切，他就是已經來到了，那我們怎麼樣去度過他？

**一開始學習盆栽組合，大家只看到我的作品漂亮。只看到存在的這個部分，沒有辦法去看到一個生命經過、連貫的過程。所以，當你來了之後，我會先解釋相連和溝通，如何讓生命中的每一刻去好好「經過」。假設在種植物的時候，強迫去弄了一個想要的樣子，而過度的聚合讓植物都擠在一塊了，乍看起來很漂亮，卻沒有想到「之後」，看不到需要「留路」讓植物長出來，做**

**成了遮蔽陽光的牽強聚合，之後植物就會死在裡頭**。我們要接受植物原來的本質，每一株植物都是需要陽光滋潤的，事情發展的過程就是「經過」。在當下的這一刻，是否能夠清楚的去感受，去「經過」你的每一分鐘，這樣才是未來能夠達到幸福的方法，幸福是一連串的過程，你感覺到了、你通過了才會明白。

月兔耳

你做的任何一個決定，再細微的一個決定，都足以去改變你的下一刻。養植物就是一個很深奧的學習。

# 甜蜜點

**組合多肉植物跟拿捏人跟人之間的距離很像，就像我如果多靠近你一點，太黏膩了，你會不會覺得厭煩？我說話太直接，因為我覺得跟你很熟，會不會讓你受傷？尤其是多肉植物的組合，只要有一點微妙的距離誤判，碰撞到其中一棵的葉子可能就掉了，植物本身就會產生傷口，能不能修復傷口，要看本身的體質是否強健？**相對於我們在生活當中，會不會也一樣？我們有很多「我是為你好」的以為，但如果對方卻覺得自己被「評判」了呢？所以，我們與他人之間存在一種微妙的距離——甜蜜的距離，這當中的距離沒有標準，沒有絕對好或者絕對不好，每一種關係都有甜蜜點，我們只是不斷地學習各種方法與試驗結果。

微小的觀察與同理心的學習是非常重要的。我們在組合多肉植物的時候，可以想像在美術館觀看一幅畫，那裡每一幅畫都與觀眾有一公尺的距離，這個一公尺的距離很有趣，曾有報導指出芬蘭人在排隊的時候都會自動地與他人前後間隔一公尺的距離，他們享受著這一公尺距離感，滿足於一公尺距離的精神層次。我們先去感受，然後試著去理解人與人之間，以及多肉植物組合之間的微妙，先退後看，宏寬的來看，我們才有機會看到全貌。

有些人喜歡黏在一起、膩在一起的關係，可能是有安全感，也可能是需要藉由親密感得到溫暖。多肉植物本身的叢聚，也有類似的關係存在，他跟相同的物種（兄弟姐妹）會擠在一起、靠近一點，彼此也許只有距離零點一公分，因為他們吃的一樣多、彼此不太會競爭搶奪，水分的發散也沒問題，所以他們可以擠一點生活還可以活得很好。但是，如果來了一個強勢的物種，他的根比較會吸收，把所有的水分跟營養都吸走了，你在他身邊就常常覺得很渴、很餓，植物就會默默地離強勢的遠一點，就會往旁邊一點長，是不是很有趣？

**還有一個狀況是弱肉強食，當你的養分與陽光都已經被另外的強勢物種搶走了，像是落地生根，你就只能死去了。你千萬不能讓落地生根「落地」，他會讓旁邊同一盆栽內的植物耗能，最後只剩下他自己活得很好。所以，也要注意強勢物種，你要謹慎養，可以讓他局限養在在一個盆栽裡，爆盆了也是很好看、壯觀。**這是植物的生存法則，在我們的生活當中不也是這樣，如果一個人老是欺負你，你還傻傻地不跑嗎？這就是人與人的距離，你一定會找到跟他相處的模式，或找到你「不應該」跟他相處的模式。

「距離」不會是你一個人拉出來的，因為感受很主觀。例如一個媽媽生了四個孩子，媽媽自認沒有偏心哪一個，可是四個孩子的感受各異。除了感受，我們的行為也有很大的影響力，我們過得好，彼此找到了甜蜜點；我們過得不好，隨時隨地都可能劍拔弩張。因為主觀的感受，因為行為模式的不同，所以每一個人的問題點也不同，但是每一個人都有情緒以及觸發情緒的敏感點，所以我以盆栽組合來教大家如何「降低敏感」，降低觸發情緒的敏感點，練習退後一點，宏寬一點的來看事情的全貌。就像你跟同事之間，本質上就是工作上的關係，那你要不要跟他做朋友，這是另外一件事。而在把同事當朋友之前，你自己有沒有先做好同事這個角色？所以，關係是需要觀察全貌的，了解了才能夠有適當的行為與相處。

我們在做多肉植物組合時，如果種得太擠會讓植物受傷，也會讓整體受損，做盆栽組合的時候，植物傷了就是損傷了你的資產，你馬上就會意識到，或你損傷了你最後作品的全貌，等他們再長一陣子你就會發現，當時的不謹慎造成觀賞期縮短的後果。但是，在我們的日常生活中，我們經常有些無意識的折損，並不會馬上就讓我們看見傷口，等到事情爆發的時候，才去追本溯源往往是來不及的。

**當你弄傷了你的植物，你已經知道植物得要先經過傷口乾燥，修復後才能重新放進組合盆栽裡頭，可是你選擇忽略這一點，還是硬把這棵受傷的植物放進你的組合盆栽了，結果是什麼？結果，隔一天他就爛給你看了，植物死掉了。**有些人的組合盆栽可以活很久，有些人的組合盆栽沒辦法放太久，這就是所謂的「觀賞期」，其中有巧妙的安排，過程的每一個步驟關乎你是不是能養得好，這就是我們學設計多肉組合最微妙的智慧與修練了。

福兔耳

姬秋麗

「距離」不會是你一個人拉出來的，因為感受很主觀。每一個人都有情緒以及觸發情緒的敏感點，所以我以盆栽組合來教大家如何「降低敏感」，降低觸發情緒的敏感點，練習退後一點，宏寬一點的來看事情的全貌。

# 是因為植物啊，我想不通了就會去坐在那裡

人生一定要把根養大，你一定要根很深，然後要「盤」，盤根盤得很快，然後你才能抓得緊。我完全就是按照樹的形態在過我的人生。

我三十八歲從家裡的陽台走出來，三十九歲成了老師，四十歲選上藝術家，我就開始為人生畫時間軸，幾歲做什麼，下一步變成什麼樣子，如果我真的有一些經驗值得分享給別人的，而這一些經驗是良藥的話，那我必須學習好好傳遞。

我以前是虛胖，現在是真壯，年紀漸長真的胖了不少，心理強度更壯了不少。人生本來就有很多的問題，以前我可能會暴跳如雷的事，現在練習到可以先閉嘴，不要反駁，不是說我不再會生氣，而是因為經常在自然裡，接收平和的陶冶，促使耐心漸佳。「自然」是安慰與修復人的最佳良藥，學習接受萬物本來就有千千萬萬種面貌，每一個人可以從沉睡的狀態醒來，覺醒的方式不太一樣，而我是因為植物讓我醒來，一切歸功自然的偉大啊。**每次我想不通我就會去到自然裡，山上走走，海邊看看，或只是坐在陽台，當你有意識地停止所有外在的活動，只是安在自然裡享受每一個當下，一切好像都會好一點**。或許，也有人跟我一樣，也因為植物而醒來，我確實看到很多人是這樣的，如果我可以好好地把這些經驗集結起來，當成寫一個生活配方的話，我願意去做。

**我不時地就會幫植物洗澡。在陽台種植物，沒有雨水，我有的植物養得很漂亮，可是也很容易會出現粉蚧，粉蚧蟲是一種看起來很像洗衣粉的東西，密密麻麻地沾在我的植物上面，粉蚧會大量吸附在葉子最密集的地方，會讓植物營養不良。我會將中招的植物先與其他植物隔離，而洗澡的方法是，先用一般自來水沖洗掉粉蚧蟲，事實上一點都不好洗，牠可是緊緊吸咬著植物，所以水洗以後要用肥皂水再洗，嚴重一點的就要噴辣椒水了。**

我一邊幫植物洗澡的時候，一邊心裡就想，今天植物生病我可以接受，然後我也盡量找方法去幫助植物，那我生病的時候，我怎麼去幫助我自己的？當別人生病的時候，他又該怎麼去幫助他自己？為什麼我生病的時候，我不能接受，我逃避呢？事實上，我持續在照護植物的同時，就是重新照護生命，我們會去投射，他這麼溫柔、這麼可愛，他不用說話，靜靜地就這麼有人愛，那我會不會是因為話說得太多了，所以才沒人愛我？或者，他是如此可愛，才跟人沒有距離，我是不是太不可愛了？

有很多的困難都是因為我們的不可愛引起的，因為我們已經忘記了怎麼可愛。每一個小孩都很可愛，不管他長什麼樣子都很可愛，可是很多人長大了以後，就不可愛了。當我意識到「我不可愛了」，我的個性就開始知道要轉換了。我第一次在藝術村開展覽，在講座上分享我生命的歷程，還記得我是這樣說的：當我第一次要去教學的時候，那也是我當了七年全職主婦後的第一個工作，我跟當主廚的先生說，我要去教課了，可以給我一件圍裙當工作裙嗎？他那天拿出了一件圍裙給我，我一看那是我在結婚以前，還在開餐廳時穿的圍裙，上頭還繡著當時餐廳的名字。你知道嗎？當過去消失的時候，難免有一定的傷痛，「他怎麼還在呢？」我看著那件圍裙心裡想著，好久沒有為自己去努力什麼了。當初我多麼喜歡自己努力工作的可愛模樣啊，我幾乎都已經忘記那時候的自己。「我就知道你有一天一定穿得上的」我先生拿給我的時候這樣對我說，當下我真的好感動，原來他一直收藏著可愛的我努力的過去啊。語畢，當時台下的來賓報以如雷的掌聲。當天會後，我收到了一位現場來賓的訊息，是一個年輕女孩，她的父母要離婚了，她回家跟媽媽講了我分享的故事，她媽媽聽完掩面痛哭。於是女孩問，「可以教教我媽媽嗎？她已經忘記了可愛的自己，如果她記起來了，她就可以不離婚了。」

在一次次分享「改變的美好」以後，我就更致力於學習教學的更佳技巧，努力成為不誤人的老師，過程中，我學習到了：人生可以有三條命，平庸的人只有一條命，就是性命；優秀的人會有二條命，除了性命還有生命；卓越的人會有三條命：性命、生命、還有使命。當體悟到生命原來可以很不一樣，接續而來的就是改變後得到快樂的能力了。快樂也有三種，初級的快樂是肉體、物質的溫飽；精神的快樂是琴棋書畫，在美的事物上得到感動；高級的快樂則是靈魂的快樂，透過付出讓別人滿足。

「從認識自己開始」是一門心理學，你走的方向是在心理上決定的，了解自己很重要。在人生來說繞圈不是壞事，「繞圈」就是因為不夠了解自己，如果不用繞一大圈，就能夠多一點時間去走自己的路了。

有很多的困難都是因為我們的不可愛引起的，因為我們已經忘記了怎麼可愛。每一個小孩都很可愛，不管他長什麼樣子都很可愛，可是很多人長大了以後，就不可愛了。當我意識到「我不可愛了」，我的個性就開始知道要轉換了。

# 這個不說話的力量太有趣了

我常常一離開家就是三四天，最長還會超過一個月，我的植物都不動如山喔，不知道是我技術好，還是我家風水好，我的植物就跟假的一樣，他就是乖乖的，生病了也沒哀，我就是兩周照顧他們一輪，他們也就這樣靜靜地等我，我就發覺，我的孩子好像也是這樣，他們在家裡就是安靜地支持媽媽，等待媽媽回來。

**我要怎麼「不用說」，他人就可以靠近？多肉植物就是這樣子，他從來不說話的，他就是可以用不說話的力量迷倒我們。這個不說話的力量實在太有趣了，你每天看著他，你自己就會開始思考。**

我有一天晚上在陽台，我一邊清我的植物跟陪伴我的植物，一邊就想到，唉呀，我的孩子也需要我的陪伴，但是我是這麼地忙碌，那我有什麼方法，可以增加我陪伴他們、支持他們的感覺呢？所以就在陽台上，我又生出一個想法，一個小方法，我來建立一本我們的家庭聯絡簿好了，這個聯絡簿會成為我愛的資產。

我拿了一本很大本的簿子，然後一開頭就寫，親愛的家人……把我想建立聯絡簿的心情，先自己寫完，我說，媽媽覺得很遺憾不在你們身邊的時間，有很多事情你們想跟我聊的時候，我都不在，我也很憂心，所以這本簿子就當成我們家庭的聯絡簿，把想說的，或怕忘記的，或是想分享的，或者生氣的事……通通都寫下來，這是一本沒有範圍的聯絡簿。然後我就開始列，媽媽要出門了，什麼時後會回來，媽媽要跟你們說，老公我要跟你說……我列了好多，寫不完耶。最後我寫下，妹妹，媽媽在擴香石上噴了香水了呦。然後，妹妹看到聯絡簿就跑去聞，孩子就感覺到媽媽的氛圍了。愛是需要經營與創建的，行動了，你會看到反饋，我的先生與孩子們就經常在我遠行回來時，給我好多的愛心卡片，甚至躲在車子的行李中跳出來，給我誇張大的驚喜歡迎海報，還有好多好多擁抱。

我想要先支持我自己的先生與孩子，因為我覺得，如果我們對這個世界產生使命感，就幻想要去救世界，那真的是一種自大。我要先把我家裡處理好，這件事情很重要，家是我的中心，我的中心不能枯萎，如果我真的還想繼續做這個工作，我是不是要讓整個家的體系是更安全的？我很幸運，因為我相信「是最好的選擇了我」，跟先生溝通了對人生的想法之後，他給了我很大的支持與家庭協作支撐，我們相互尊重並且合作著，我經常跟我的孩子說，雖然爸爸跟媽媽帶你們的方式很不一樣，但教會你們的，可是會讓你們更強壯的方法。我看到了孩子在靜靜地等待我，就像默默支撐我的根系一樣，我也相信孩子正看著媽媽的背影，學習如何變成一個自己想要成為的大人，並且真的越來越強大。

**如果說種多肉植物是一種不說話的力量，雕塑一張臉就是反觀自己的力量。**我也喜歡用雕塑，用人的臉來創作、教學。我覺得紡織品雕塑也很容易做，每個人做起來都很漂亮，所以就衍生出

POWERTEX ASIA LUCY HSU
男人

POWERTEX ASIA LUCY
魔法師

我想要先支持我自己的先生與孩子，因為我覺得，如果我們對這個世界產生使命感，就幻想要去救世界，那真的是一種自大。

了「人人藝術家」的展覽。做人人藝術要有一個主題，所以，我想讓每一個人說自己的故事，從七歲到七十幾歲的人，我們都邀請來了。當我把主題設定是「我」的時候，我也開始反觀我自己，又是一種回觀了，如果一個人常常不清楚自己是誰，是不是需要經常檢視？所以我在那個時候，為了做這一檔展覽，我又再次停下來回觀我自己，**大部分的我都在做老師，老師不是我的工作，老師已經變成我的生命了；然後，我將我的生命分成兩半，我一半的生命在做男人，一半的生命在做女人，我有父親的堅強，我也有母親的柔軟；我在工作的時候像個男人一樣；然而，我當女人的面貌卻顯得模糊不清……**

我看到我自己好像越來越悍了，好像又忘記了必須要平衡……我就拿起桌上的一張面具，剪了一半，用兩隻衣袖子就做了半張男生的臉，然後再做另外半張女孩子的臉，果然，她看起來就是比較模糊……於是，我就開始留頭髮。我本來頭髮很短的，因為我看到自己做出來的這張面具，我覺得我過分陽剛了，覺得我這樣不行，要平衡才行。所以，做完這些回觀創作我很開心，我意識到了很多事，我過分地投入在工作上面，戴著男人的面貌太逞能，所以我修正了。

當我自己先得到自覺之後，我就開始帶每一個人去認識他自己，當下的自己。人真的很好玩喔，叫我們認知當下真的很難。很多人就是會逃走，逃到未來的你，逃到過去的你，明明你就在這裡，但我也不會去強迫，你愛去哪一個你都可以啊。只要在構圖的時候，是以「人」為主題，以「自己」為主題都可以，當有學員呼喊我：「老師，我真的不知道要做什麼」，我就會建議，先畫一下時間軸，你設定的人是幾歲？現在的你幾歲？你想表達的這個你又是幾歲？這是一個很有趣的遊戲，也許你現在也可以拿張紙跟筆，試著畫下來一個臉孔問問自己：「我是誰？」

# 一年一生，一年一死

我有一個學生，她每次見到我都說，「老師～不管我跟老公溝通多少次，他都聽不懂我……」後來我就對她說，「有聽過夏蟬不可語冬嗎？他就只有活春、夏、秋，他就沒有活冬，你卻一直告訴他有四季，他當然不能理解，所以你得想辦法先把你老公這隻『蟬』（她忍住不要吃掉蟬），讓他要活過春、夏、秋、冬，才有可能。」

我覺得多肉植物真的是很棒的生命範本與生命教材，在農業裡是具有觀賞價值的植物，而人類生活安定之後才會有觀賞花卉的行為，在社會安定繁榮的時期才能存在，是和平的產業，是社會和文化發展的指標。多肉植物在栽培生產上是農業的一部分，從「觀賞」而言又跟繪畫、雕刻及造形美術有相類似的地方。

多肉植物這麼棒，我們該來好好學習一下簡單的多肉科普。在台灣流行的大量多肉品種，會有一個休眠期就在夏天，從六月或從梅雨季起，他就會開始死了。談到死，一定要記住「過濕致死」，梅雨的時候因為過分潮濕，加上病蟲害，會有一個很大的死亡潮。

再來就是七月到八月的酷暑，這時他需要限水和通風，多肉植物不一定會被熱死，但他的根系會被潮濕悶死。因為他在睡覺，他在睡覺的時候，你還給他強灌水，那就只好在睡夢中跟你道別囉，這是認識錯誤的「過失致死」。

仙人掌開花

再來就是九月、十月颱風來了，跟梅雨是一樣的，所以在五月到十月的期間有幾波大陣亡潮，另外大半年幾乎都會活得好好的。生態如此，環境如此，也別太負面去看待植物的陣亡，一年一生，一年一死的農業經濟是非常正常的循環，我們加以耐心學習，假以時日也會是綠手指。不過，說真的，你去問專業栽培業者，多會跟你說：誰不會有種死的啊。（眼前浮現田尾多肉頭家嬤的豪爽笑容）種不死的，那就沒人要賣了啦。（老師跟農委會專家聊過，這種說法是真的。）

**多肉植物大半年活得極美的生命特徵很棒，一個半年你享受他的美好，另外一個半年你得學習照顧他啊。多肉植物最難的就是度夏，所以我們都會說，要練功喔，三年學度夏，三年學澆水，這是所有園藝愛好者都會明白的，三年間你度過了三次春、夏、秋、冬，大概就會知道了該怎麼照養，自己的環境可以養那些品種。所以，你不能放棄，你至少要種三年。**你度夏的時候成功了，就趕快把你的信心筆記起來。你失敗了，也不要沮喪，因為很多款迷人的多肉植物是從高冷的地方栽培出來的，本來在台灣的夏天就很容易死亡，如果他沒有死亡，就代表你長出綠手指來了，你一定要趕快記下來。

我常看到學生有養護植物超過三年經驗的，每一個人都會宏觀起來了，而且都很容易在微小的事物上感到快樂，這也是我很想去分享的一個部分。**當你去觀照一個生命，你看到一些本質的發生，同時你也清楚地認知到了，這會是一種成就感喔。我經常只是看到路邊一棵小草，從石縫堆冒出來的樣子，就可以欣喜的要命，就有莫名其妙的感動。到後來不僅僅是多肉植物而已，我**

**們會開始喜愛上很多的植物。然後，我們會開始去觀察天跟地。**

有一天要出門的時候，我說十分鐘後大概會下雨了，當時身旁的人覺得我快要會通靈了，然後對我說，最好是，剛剛戶外還三十七、八度，太陽好大，熱得要命，怎麼可能下雨。其實，務農的人會看天氣啊，因為我前一天想澆水，我就去看了手機上的氣象預報，上頭說會下雨，還說了幾點會下，我就會去證實真的下雨了嗎？我也會質疑一下天氣預報說的是不是對的，然後我一看天空，嗯，好像差不多了。我以前自然地理爛透了，可我現在經常會去看雲，果然一出門，天空就落水囉。

再打個比方說，我們做一些組合的作品時，會沿著海邊去找漂流木，或到山上取一些雜枝雜木來用，因此就發現了山老鼠，我們親眼所見了這樣的惡，就會去關心這一件事，我們會因為山林被破壞而感到心痛，當相關保護的團體發聲了，有相應的活動舉辦，我們一定就會出一分力。我們在撿漂流木時的感受最深，整個海邊太可怕了，垃圾多到一個不行。所以，我就開始嚴格地告訴自己，購物絕對不拿塑膠袋，我一定要帶環保袋，如果是以前，我沒有感覺的，我方便就好了，大家都圖方便嘛。

很多人會說，對啊，知道那些事很可怕，卻並沒有真的去改變行為，去阻止這個可怕。我會去阻止自己，甚至會想辦法阻止我身邊的人，去拜託他們不要用。我在做環保雕塑藝術會用回收的紙杯，很多人就問我說，那個雕塑怎麼做？我說，我在裡面塞手搖杯的杯子，結果我的學生為了要做，他就先去喝兩杯，然後帶那個杯子來，後來我想這太不對了，不要用才是對的，為了做一個雕塑要用紙杯，然後就去買手搖杯，這不就違背了環保本意，所以我就改成了用回收紙板。所以，現在我的教室都沒有塑膠杯了。

我們開始去改變很多我們原本不會在意的事情，我們也會越來越容易為微小的事物而感到快樂。所以，很多人會說我這個人過嗨，我說沒有啊，我只是回到「我是小孩啊」，小孩子不就是這樣嗎？一個小小的事物就會讓他們好奇、興奮不已。我們只要願意去關心、探索天地之間所有的事物，我們都會很容易快樂的。

漂流木賞析：浪濤

我們在撿漂流木時的感受最深，整個海邊太可怕了，垃圾多到一個不行。所以，我開始就是嚴格地告訴我自己，我購物絕對不拿塑膠袋，我一定要帶環保袋，如果是以前，我沒有感覺的，我方便就好了，大家都圖方便嘛。

# 多肉植物「組合」怎麼讓人瘋狂地「轉」面向

**落地生根，這一件事情，讓我相信，我就站著不動是沒關係的，風吹來，風停了，身旁的人來來去去，再多的措手不及、意料之外，我都站著不動，真的沒關係，就像一棵植物生長的縮影。**

在我們短短的一生當中，為何而來？在這一生當中，我們遇到了這麼多的問題跟困難，我們是否每次都只用同一個面向去看？我們就以為看到的就是全部了？所以你會哭泣，你會痛苦，你會憤怒，其實，我們看到的、知道的並不是我們的全部。

**我以前很愛批評，「怎麼這麼笨啊」「一點小事都做不好」這些話常在心裡嘀咕著，現在想到就覺得自己很可笑，只要別人的東西寫錯、說錯了，我就會覺得「天吶，我真倒楣要跟一個笨蛋在一起」……但是，就因為我批評別人，所以也不會放過批評自身的一切，包括我在一個很爛的生命中，我厭惡著，所以我隨時想落跑，我像浮萍一樣，等於是我自己預言了自己的人生。**

當了老師以後，就來了一位姐姐，她的活動是要靠輪椅的。她非常地博學，我們相處得很好，便常常邀約她一起出門，出了門才知道，坐輪椅的人出一趟門有多辛苦。她很堅強，什麼事都自己來，我就說，「你不要這樣好不好？有什麼事要叫我們幫忙，你不出聲，我都會忘記你行動不便，我覺得跟你在一起，好像我比較殘障。」然後她就說了，「嘿嘿，這就是我的力量」，她就是如此樂觀，很正向的。

後來，在一次藝術活動的報名，我組了一個四人的隊伍，把她也一起報了進去，雖然因為主辦單位方有一些問題阻礙，我們婉拒了入選資格，可換作是以前，我真的不會考慮跟學生組隊。因為，以前我弱啊，我都沒把握照顧好自己了，我怎麼有能力去照顧別人？現在我試著學習。我們計畫要一起去歐洲一個月作文化藝術的交流，剛開始我們就在想，要去哪裡？當然要是義大利、羅馬或像希臘這種文化資產豐富的國家。可是，我又想到那些石頭街道、上上下下的樓梯……，我心裡面退堂鼓就打三下，我猛然想起了我們有一次去猴硐，那天我扛她的輪椅，扛到手發抖，真的光想想就好害怕。

然而沒有這些改變，我就無法分享這些經驗。我們出發了，我們到丹麥跟比利時去了，舊城區的石頭街道，果然讓她大呼輪椅難行，輪到要升天。旅途中也因為老舊的電梯無水平停妥，她進門時從輪椅上掉下來，正面趴倒在地，我的心臟漏跳了好幾拍，都快哭出來了，她還一直說沒事啦。我們還住到跳電的公寓，她清晨摸黑上廁所，地板的位差讓她直接從輪椅上倒栽蔥倒地，那碰地好大一聲，驚醒了我們所有人，心疼不已，她反而安慰我們說，「你們知道我為什麼叫 Amindy 嗎？其實我原本叫做 Mindy，因為太常跌倒了，大家啊、啊、啊地，我就變成 Amindy 了。」

我記得第一次見到她的時候，她對我說，她想成為世界的禮物，她也將自己放在世界的中心，與所有事物都保持一樣的距離，沒有偏頗。她說，認識我以後學到一樣事情，就是接受了這個世界的給予，而「接受」就是最棒的禮物。

我想對 Amindy 說：你的存在已經是個事實，你的樣貌就是真理。

看看，我們很容易去想自己的不足、自己做不到的，常常在預設困難，在與她相處的時間裡，看到她為自己環遊世界的人生做足功課，就明白只要多做一點準備，根本沒有克服不了的事，只要我們的心夠壯，就會去積極尋找方法撐起世界的中心。

她告訴我，她剛開始學習多肉植物組合的時候，發現我用這麼淺的工具，竟可以讓人在本質的認知上很快就有自覺。後來，我只要一開課程，她都會參加，每上完一期的課程，她就會發現自己不同面向的認知一個個被打開，她跟我說，養護植物的覺醒是真的不費力的，如果我們真的想為生命做一些服務，我們必須先體會照顧生命的每一段過程，而多肉植物是讓我們的自覺很快打開的一個教具。

**很多人會問我多肉可以養多久？我說，首先要看植物是木本還是草本，一年生或多年生，而植物的生命也是有限的，所以你想養哪一種呢？**你說你沒有什麼耐心，那可以先養養看一個月生命的草花，一個月後就會枯死，你可以接受嗎？你說，你養什麼都死，你不能接受。可是，那花本來就只能活一個月啊。你又跟我說，你養長年生木本也很快就死掉了。那可能是植物不夠壯，原因有很多種，生長環境不對，營養不夠……植物是不會動的，也不會說話，你有多了解你的植物，你做了多少對植物有幫助的事，決定了植物的生死。死掉了怎麼辦，那就再試試看，繼續試試看啊。

生的全貌2

生的全貌3

生的全貌1

落地生根，這一件事情，讓我相信，我就站著不動是沒關係的，風吹來，風停了，身旁的人來來去去，再多的措手不及、意料之外，我都站著不動，真的沒關係，就像一棵植物生長的縮影。

你可能也會說，把植物養死了好挫折啊。可是，植物沒關係啊，最後化作春泥更護花，所以再試一次，沒有關係。你會從每一次的死亡當中，有一些驗證，而我們的功能就是陪伴你。你告訴我，你不買了，我就會問，你都買多少錢的？你說你看到漂亮的就買。我就會建議說，你買三盆一百塊的養養看，然後十一月再買，我包準你養到第二年的三月還活著，這樣可以嗎？你一聽就覺得好玩了，你就會問，要怎麼養？**我會跟你說，首先要通風，再來不論你住在哪裡，植物都需要陽光，一定要照光，至少要靠在外面有陽光的地方，最後把你的手綁起來，兩個禮拜澆水一次，這樣你的植物一定可以活。五個月以後，你的植物真的照我說的活下來了，你是不是就有信心了。**

要相信，讓自己快樂的最好方式之一，就是讓其他人快樂；而讓其他人快樂的最好方式之一，就是你自己要快樂。

# 不合你自己意的時候

一個很害怕被批評的人，通常也是自律性很高的人。你期望自己做得好，也會要求外面的人看好你，其實這大多是你對自我的勒索而已——設一個標準就是一個設限，如果會因為外面人的一句話被刺傷了，就應該探究一下，你是不是太害怕被評判了？

我們要如何去消弭「評判」，首先要先消弭你給自己的壓力。比方說，現在我們要做一個多肉植物組合，首先要選植物，但不是每一棵你都可以選喔。**你在心裡替你的組合盆栽畫了一個設計圖，圖中多肉植物的頭朝向右邊，但是你選了植物種下去，他卻是朝向左邊的，這時你怎麼辦？你一開始嘗試想要扳他的頭，但很快地你就發現，硬扳他的頭會斷掉，他會死掉，你很害怕，然後就開始抱怨說，「老師，我的盆栽長不好都是因為這一棵植物的頭！」你批評了你選的植物。**

因為得不到你想要的，你失望了，就說他長不好，都是他的錯。然而，光是一直批評跟抱怨，在你心裡只會堆疊成傷口。你得不到你想要的構圖，這個盆栽不是你想像的樣子，這個家不是你想像的樣子，你開始感到憤怒，為什麼會這樣？是誰的錯？你開始龜毛地找誰的錯了，事實上，不是這樣的。

你的盆栽需要這一棵植物，你是否願意順著這個植物的朝向改變你的構圖呢？你說你不想要改變構圖，因為改變以後的構圖「不合你意」，這個「不合你意」很可怕啊，換句話說——只要別人說的不合你意，就是在批評你，其實你的內心不合你自己意的時候太多了，你老是在批評你自己，你都沒有發現。

你能不能放下這個堅持，讓你的植物順著來呢？很多人都會跟我說「很難啊」，我也認為不是一件容易的事，所以我們需要一次又一次的練習，一次又一次反覆地觀看。順著植物的朝向，你會構成另一個你原先想不到的組合盆栽，只要你願意。

你就是放不下堅持嗎？那也沒關係啊。就像一株植物，大家一樣澆水，就是有的長得比較慢，有的長得比較快，每一個人的生長速度不一樣，就像每一個人有不同的體質，不同的心理強度。你只要願意相信，可能只是一個轉念而已，困難就可以解除，完滿地達成任務，你只是轉得慢一點，慢慢來是沒關係的。

我組了這麼多的多肉組合，我一定有一個很大的花園？很多人都會這樣以為，但我沒有耶，我選擇的只是適合我家陽台的植物，以及適合我照護方式的植物。所以，我常開玩笑說，我養的多肉植物都不會死，為什麼我可以講得那麼輕鬆？你聽了很是嫉妒，你的都死光光了。因為，我會養那些養在我家不會死的多肉植物，你就非要去買一些進口的、出錦的、嬌嫩的、高冷地方來的……那些多肉植物放在我家三十八度的陽台，也會死的。所以，你把一些生長在高冷的地方、又還沒有馴化的物種搬到你家，他跟環境之間的關係，就是一個很崩潰的水土不服，這樣一件事情，你都沒有好好地想一想，甚至有些人還會去責怪賣家是騙子，所以真的都是別人的問題、別

玫瑰景天

我的陽台

你能不能放下這個堅持，讓你的植物順著來呢？很多人都會跟我說「很難啊」，我也認為不是一件容易的事，所以我們需要一次又一次的練習，一次又一次反覆地觀看。

人的錯嗎？我們自己的認知能夠先清楚了，抱怨就會減少，痛苦就會減少，你也不會覺得別人處處在跟你作對了。

## 降低你的敏感度

**你看到的植物都從那裡長出來？從水瓶中，從地上，從土壤中……他的立地一律是水平，不管是什麼樣的植物，一律「平等地」從土壤裡冒出頭來。因此，植物給人一種平等感，是對你沒有威脅的，所以你在看待他的時候，你的心情是平緩的。**

當你覺悟到生命是跟他人的生命交織在一起的時候，你就不可能把自己當成一個單一的、孤立的個體。你想要平等、想要快樂、想要克服痛苦的感受……別人也是一樣的，而你，在看待自己以及看待別人的時候，是否有站在平等的位置上？

試問，你能不能平等地看待你的孩子？你的孩子不是你的孩子，你的孩子是一個獨立的生命體，他會自己思考，他有他的行為模式，他的視野屬於他的年齡範圍。我們大人經常會忘記自己還是小孩子時的感受，而每一個人的每一時刻的感受，都不可以被忽略。

當我們喜歡植物的時候，我們就會想要親近大自然，而我們一進到大自然中就會發現——我們自己很小，小的像一粒沙子一樣。這時候，我們自我的敏感度就會降到最低，我們的自我會和自然融進一體，好像你擁有了天和地一樣，這時候的你就不會把一件小問題看成大問題了。

# 我的第一個醒悟就是「我不要的」

你會不會問自己「今天過得好嗎？」、「有沒有努力過完這一天？」，我每天都會問自己，我的答案都是「有」。也因為這樣，即便我明天死了，我都沒有太多遺憾，因為我的每一天都過得很認真，所以即便我只活到今天入睡前一秒，我也沒有遺憾。

「活在當下」是過去以及現代很多哲學家們、宗教家們常常會說到的事，我們沒辦法去追悔、遺憾。你想要得到的常常不一定是你能得到的，我覺得這是一件很難的事。然而，知道自己不要什麼很容易。我不要貧跟苦，我就會努力脫貧跟離苦；我不要生病，那我每天就會鞭策自己去運動，去為健康把關。

**假設你做的盆栽要送人，那就要做一個禮物了，結果你往盆栽放了一堆草，看起來質感很低，而要送禮，你不要的就是質感很低這件事，你要提高質感，那麼你的盆栽就得清爽一點，優雅一點，如果你塞了很多東西在你的盆栽裡面，他就優雅不起來了。**所以，你不要的東西自己要很清楚，最後「成相」的是不是就是你要的？我不清楚，你自己也不一定知道，就是一種感受而已，不好的感受就是不要的，能夠先把不要的找出來，對我而言就是很大的一個自由。

從我養植物學習觀看生命以後，我第一個醒悟到的方法就是「我不要」。我曾是全職的家庭主婦，那時候的我，自我的認同感很低，也沒有自己的收入，後來我還生病了。所以，我第一個不要的東西就是貧跟苦，為了脫貧我做了很多的自學跟努力，以及為了不要身體不健康，我也努力地曬太陽、運動跟吃健康的食物……我非常努力地克服「我不要的」，漸漸地我就走向自由了，漸漸地我的每一天都是自在的，我沒有覺得我哪裡不舒服了。

「我不要」是一種勇敢的表現，表現出我們不受金錢的控制，不受身體病痛的控制。然後，慢慢地我有能力做我想做的事了，我也有能力不做我不想做的事了。但你可能會說，你一定要去上班啊，不上班你就沒有錢。那麼你想暫停可不可以？可以的，你可以給自己喘息的時間，你做好了準備就可以，你先對自己說「可以的」內心先安好了，就沒有什麼不可以的事了。

東美人

天章

你會不會問自己「今天過得好嗎？」、「有沒有努力過完這一天？」，我每天都會問自己，我的答案都是「有」。

讓自己免於恐懼就是自由。你可以不知道你的未來能有多美好，但你一定要很清楚自己「不要恐懼」這一件事情。所有的恐懼都有一個源頭，那就是無知。我們要知道自己在怕什麼，為什麼怕，然後去找方法讓自己不要害怕。

**我們養植物也需要不斷地找方法、不斷地學習，我們的植物才能活得好好的不生病。病蟲害來了，你卻不知道那究竟是什麼蟲，每天就只是擔心、害怕蟲蟲要咬死你的植物了，你的植物就真的漸漸地死去了。但是如果你去學習病蟲害的知識，理解了病蟲的存在原因，你會發現蚜蟲與螞蟻的關係，蟑螂與潮濕又有什麼關係……當你去理解這些關係了，你就可以盡其所能地去做預防措施了。**

植物就是一個很小的生命體，我們觀看一株植物，舉凡生、老、病、死他也都有的，身不由己的時候他也會有——這時候就是病蟲害來的時候。我們不也一樣，我們生病的時候，我們財富無自由的時候，我們心靈不強壯的時候，我們認知不清楚的時候，我們的社交有問題的時候……我們還有自由嗎？

所以要能夠得到全然的自由，要得到幸福的感覺，我們就不要害怕面對疾病問題、經濟問題、心靈問題、人際關係問題……認真面對了你就會去找方法來學習，你就會試著看看其他人怎麼做可以過得比較好。所以，試著把自己的問題找出來吧。

# 換一個角度看，練習接合缺口

你常常有一種被什麼東西限制了，或被什麼事物絆住了，有一種停不下來的感覺嗎？要在混亂的生活中找一些讓自己靜心的處方，找回對生活的信心，就能找到自己的自由。

擁抱混亂了以後，你會接受所有的不完美，當我們擁抱了不完美，我們就打破了自己的框架。我們很容易把每一件事情想成我們想要的樣子，一定非得怎樣做不可。植物就一定長在土裡或盆栽裡嗎？不是的，我可以教你種在木頭上，種在鏤空的藤上，種在玻璃上……種在任何你想得到的地方，你對於植物一定得種在土裡的認知，是不是就被打破了框框。

把心思放在具體的行動上，我們就可以停止憂慮。當你面前有很多株多肉植物，你想要拿他們做一個多肉植物組合，然而你發現每一盆都沒有養得很好，徒長的、缺葉的……等，所以你的第一個行動就是修枝整葉，仔細觀察每一株多肉植物的外形與狀態，嘗試去歸納他們，你會在其中找到你的主角。

**你的焦點一定在最完整的、或最漂亮的那一株嗎？不一定喔，如果你把三株都缺了葉的多肉植物聚集起來，是不是也成了一株主角。我們不要只看到單一的缺陷，你換一個角度看，練習接合缺口，讓他們相互依櫬，有時候構圖比一株完好無缺的多肉植物還要好，若是你一直抱持著挑剔、憂慮的心態，你就找不到最後的那一幅美景。**

**在做多肉植物組合的時候，我最常跟同學說的就是「慢一點」。我們常常需要學習「不輕易折損」這件事，溫柔一點、耐心一點、慢一點就不會有「折損」。**你有想過多肉植物的感受嗎，他本來就掉了一葉、有缺口了，你一心急他就再掉三葉，缺口愈來越大，你折損了他，也折損了你的自我，因為你看到他掉葉了就會很洩氣。所以，你要安定你自身，要耐著性子，「慢一點」，相信自己一定可以完成。

你不要一直覺得只有你才能把他做好。我們每一個人都會有混亂的時候，也都會有需要幫忙的時候，如果你正小心翼翼地要種一株多肉，結果旁邊的支架倒下來了，你會不會很希望多一隻手幫忙你扶正，適時的求助很重要的。另外，很多多肉植物都需要彼此依偎，他的莖挺起來了，他的花葉就不會貼在潮濕的泥土上了，不管是靠在比較不怕碰撞的、堅固的植物上，或是墊在比較柔軟的植物上，他也需要支撐他的力量。

你在做多肉組合的時候，如果你付出了愛，你就不會輕易折損他。這是一種互相信任的關係，認知到事物的本質，你就不會引以為苦了，你就不恐懼了，你就會自由。

在更生人中途之家做志願服務的時候，有一位更生人聽完我因為植物改變人生的演講後，希望我能看看他的素描，輔導員安排了單獨面談，聽說誰也沒看過他畫什麼，進出監獄二十年的日子，他第一次打破沉默，與人分享，也希望在有生之年，能再次得到肯定。我提醒他，盡義務與踏實深耕能讓他找回失去的自由，有興趣是好事，在迷惘的時候，把情緒放在筆上，空虛的時候，

多肉花束

不要忘了上帝沒有遺忘他。於是他決定留下來勤戒，學習木工，好好把藝術細胞磨煉成一技之長。

而隨著志願服務團隊來到花蓮監獄，我在女子監獄裡聽見許多被愛傷害的故事，大部分的女性受刑人都是因為伴侶、愛人鋌而走險，不懂什麼才是正確的兩性相處。有一個女孩哭著說，人都會犯錯，只要有機會，誰都想悔改，只要能有方法學習，誰都不想被遺棄。**我們不是命運之神，無法掌控自己生命之線，雖然我們可能都希望自己可以。我看著監獄裡的工作區，滿園蔬菜花果，其中有一株多肉沿著掉落的樹枝生長，纏繞起來……我思及，那不是阻礙啊，是生命的力量。有傷口的地方，就是光進入生命的地方。**

女同學動容的唱著《詩篇一三九篇》：

我往哪裡去躲避你的靈，我往哪裡逃避你的面，
我若升到天上你在那裡，我若在陰間下榻你也在那裡。
我若展開清晨的翅膀，飛到海極居住，
就是在那裡你手必引導我，你右手也必扶持我。
我若說黑暗必定遮蔽我，我周圍的亮光必成為黑夜，
黑暗也不能遮蔽我使你不見，黑夜卻如白晝發亮。
黑暗和光明在你看，都是一樣。

**在另一場園藝行動藝術中，我帶著一群媽媽，在校園裡散步撿拾回憶，陪伴當時年紀尚小的自己，沿途撿拾枯花落葉，一同練習「疼惜內在重傷的小孩」。有研究者發現，在孩童時忍受創傷且到成年仍有揮之不去的無助感的人，身體的發炎程度較高，從早年至今尚未痊癒的創傷，讓我們更容易感到不同形式的痛，也更容易罹患危及生命的疾病。**

我們做了一個「埋葬」的揮別疼痛練習。為沒有快樂的童年感到悲傷，與自憐並不相干，陷入自憐泥沼的人，會等著別人來修正他們的人生，逃避個人的責任，逃避勇氣。我們練習主動承接悲傷，不是被動領受，這會使你鬆開這個情緒的綑綁。拿一束沿途採集的花草，或是記憶裡傷痛的物品，象徵過去的自己。然後，請你說：「我埋葬對美滿家庭的幻想，埋葬我對父母的期待與希望，埋葬童年時我以為能改變父母的幻想。我為這個損失悲傷。但是，我接受悲傷的情緒，願這些幻想永遠安息。」以上方法，對成年的受虐兒是很有幫助的。

# 【人】

每一個人的欲望多寡，不可以被評斷的，你吃多少，他吃多少，這就是你，這就是他，每個人生長速度不一，每個人需求量不一，我們宏寬地去接受每一個人，你想要什麼，你就要什麼。這一艘「人生之舟」是你的船，不是我的，我只是陪伴你，讓你把你的「人生之舟」做好。

朧月成瀑布

## 我是一個守門員，「改變」就是那一道門

植物沒有貴賤，他的貴賤是人訂出來的，而他的價值則是由你創造出來。所以，首先忘掉植物的定價，學習不評判、不貼標籤，然後你開始選擇了。假設，你有一艘諾亞方舟，可以將想要的裝上船，而園子裡有五千棵植物任你挑選，你開始思考：你組這一艘船要的是「美」？或者，你要的是「滿」？或你要的是「快樂」？或許也會有人要「痛苦」，每個人要的都不一樣，於是那一艘船裝的是人生百態——這艘船就是我接下來要談的一個教案「人生之舟」。

第一次帶學生做「人生之舟」的時候，我正在藝術村駐村，那裡有一個展場，展場裡面有許多聚光燈，我們就在那裡一起組合多肉植物。很多人會說「我沒有舞台」，「我無法成為我自己的焦點」，「我也無法是社會的焦點、人生的焦點」……他找不到焦點。我說沒關係，當我們設定好作品，全都會是焦點，全都會是曠世巨作，因為每一個人都是獨一無二的。你的作品，只有你的心會跑出來。我經常把學生的作品，拿到美術館的展場裡面，一把燈投下去，請他站在一旁表述他的作品。

「人生之舟」真的太有趣了，一艘空蕩蕩的船是很晃、很搖的，所以我們要在船上種植物之前，可以先放一些漂流木，或把水沉木放在船之中當成一個重心、一個視覺目標，然後植物「順木而生」，順著你擺的漂流木，把你選的植物依序種上去，試著找出植物排列的和諧，順著木頭

**種就很漂亮了，然而往往就是這樣簡單的事情，大家就會不願意接受。**

為什麼？你一下子忘記了，你原本來學的是設計，你想要的是增進美感，可是因為你的欲望，忘情地種下太多植物，你的船就因為重心不穩或是超載就會翻了。每一個人的欲望多寡，不可以被評斷的，你吃多少，他吃多少，這就是你，這就是他，每個人生長速度不一，每個人需求量不一，我們無條件地去接受每一個人的不同，你想要什麼，你就要什麼。這一艘「人生之舟」是你的船，不是我的，我只是陪伴你，讓你把你的「人生之舟」做好。事實上，當你嘗試表述你的作品時，你在練習的過程中就會看到自己的盲點：你種得太多了，重心不穩了，不夠美了，不夠安全了……你自己會決定是不是要做些改變。

**不想改變的人，我們會眼睜睜地看他翻船。我們就讓他翻船吧，這只是盆栽而已啊，我們希望經由練習，他在人生不要翻船比較重要。**多肉植物對我們來說，是一種修練的陪伴，他不會說話，所以你比較不抗拒他。經常有學生種完之後，拿著他的作品來到我面前說：「請你幫我看看美不美？」首先，美學的課綱中確實有一些標準認知，像是構圖、布局、和諧的層次，相容性、色彩、比重、質感、空間運用等等是否正確，比例上面是否平衡，是否有律動出來……理論上美學的研究，在基本技術標準裡真的不少，但是如果在任何標準裡面一個標準都沒達到，例如在一個玄關的端景中，放置了超乎尺寸又物種凌亂的盆栽，整體顏色在灰暗的空間裡又再顯沉重，或是盆栽姿態顯露壓力，那麼我們可能就會依照直覺的不舒服、覺得醜了。

過份主觀的美，會讓其他觀賞者感到痛苦，當出現了那一種只有你自己才覺得的美，可能真的是你很想要的，通常我就會建議作者說明一下在創作設計上的感覺，或是想表達的情緒，如果與練習設計的主題不符，你仍然堅持不想改善基礎運用技術，我應該在現場改變你的想法嗎？我不會的，我尊重你想要的，老師對學生而言是一個陪伴學習的輔具，每個人成長的速度不一，太急著要在當下有所改變，若有不適當，被誤認是否定了學生學習過程的努力，可能就揠苗助長了。隨著往後問題一再地浮現，你還是會再度面對考驗，直到改變。我教多肉植物組合的時候，常覺得我是一個守門員，守著「改變」的那一道門。

你覺得什麼是美？比如說你看到一圈圈漣漪，你覺得哪裡美？你回答了這個問題，然後才發現，原來美可以看形狀、可以看顏色、可以看大小……但是，那些都不重要了，當你真的靜下心去思考的時候，你會發現你以前堅持的、糾結的……很多點，好像都不是那麼重要了。因為，每一個人最終對美的答案都是宏寬的，宏寬的感知，是兼容萬物的表現，美是接受身邊的一切，美是相信，你看見美是因為相信，來到你身邊的一切——都是最好的。

人生之舟

晚霞之舞

# 漣漪

**我把自己就封在一個小小的世界裡，拚命地組合，而每一次組合，因為每一株植物都長得不一樣，面向不同，我得一個晚上換好幾十種方法，才會完成一個盆栽，在快速地轉換面向的同時，好像也幫自己從迷失的、沒有成就感的人生漩渦……一層一層、一圈一圈繞出來。他可以算是我的第一個盆栽，後來變成我的一個重要教案叫「漣漪」。**

我要從踏入婚姻這一件事情開始說緣起，婚姻這件事，幾乎每一對都有適應不良症，我也有，而且非常嚴重。本來以為找個伴從此就暖心了、有依靠了，可是，人生的課題很多，不會有個伴一切事情都解決了，反而有更多問題，不斷地累積、堆積，慢慢地，我的生活就沒有成就感了。

我一直是一個很有自覺的人，關於我想要做什麼事，想成為什麼樣的人，我一直都很有自覺，我是一個想到就去做，說得到、做得到的人。可是進入婚姻、生了孩子以後，我好像被綑綁住了，我好像穿上了束縛衣，我覺得每一個作妻子的、作媽媽的，一定都有這種感受，我們的另外一個我自己，被困在身體裡面，而這個家就是那件束縛衣。

他們說「你就是做什麼像什麼啊」，那時候，周圍的人會給我一些鼓勵跟建議「你小孩給別人顧啊」。但是，光是要去找保母這一步，有多少的關卡？更何況那時候我是全職的家庭主婦。即便我決定找保母，保母也找到了，下一步，然後我要做些什麼？那時候，怎麼想都是一片茫然。

後來，我開玩笑地說，每一個女人，進入家庭生活做了主婦以後，就開始墜入十八層地獄，一直往下跑、往下掉，當她跑到最低、到底的時候，她要爬上來，非常困難，就像我們同一個地方一直受傷、一直結痂，我們結幾層痂，就要脫幾層皮，因為我們只是把他掩蓋過去。我雖然接受了家庭主婦這個角色，可是我從來沒有接受——真正的我會因此消失。我的孩子書讀得好、很會畫畫……我的老公有正當工作，是好爸爸、好老公，我為他們感到開心，可是我自己呢？我今天的成就是什麼？我是誰？

失去自我最大的一個表現就是開始生病，我的免疫系統發生問題，常常往返醫院檢查、治療，卻仍常常感覺到心跳加速，沒來由的會心悸，我的手、我的骨頭、關節像被螞蟻啃咬一樣在痛，卻一直找不到病因。其實，我的不舒服，我身體感覺到的疼痛，是經年累月的情緒堆疊所引發出來的，是心理生病了反撲在我的身體上，我一點一點的藏著、累積著，不斷地跟自己說「算了」，而那個「算了」沒有真的算了，也不會真的算了。

**我發現我生病了之後，我就開始足不出戶、不太跟外面的人交談，一直到有一天我生命的貴人來家裡找我。她是我先生家族中的長輩，我們的嬸嬸，那一天我是心不甘情不願地幫她開了門，她進到我家裡沒講幾句話就語重心長地說：「欸，妳病了，要不要養養『植物』？」我無可奈何地回說：「我都病了我還養植物？」「我連菜都不想煮了。」**那時候，我居住社區的媽媽們都知道我生病了，經常有人會送東西來給我，可是無論再多人的安慰、再多的陪伴，對一個正在因為生病而感到疼痛的人，都是有限的，我還是覺得很無助、很孤獨。

「因病起道心」可能就像是這樣吧。我記住了嬸嬸對我說的話，有一天去逛賣場的時候，就看到了那個「植物」。對於一個精打細算、節度家用的主婦來說，買一盆一千一百塊、不能吃的、觀賞用的盆栽，對當時的我是一個浪費奢侈的行為，但是當下的我還是捨棄了「三盆一百塊的」，將那一盆我看上的「一千一百塊的多肉植物」買回家了。

**我平常不太去陽台的，那裡什麼都沒有，我去那裡做什麼?可是一旦有了植物以後，他強迫我離開終日呆坐的客廳，走向那個本來空蕩蕩的陽台，我開始常坐在那裡，後來變成幾乎每一天我都會去那裡坐著，去看這一盆可愛的多肉植物，於是，開始產生了想多了解一點這種植物的想法，然後我開始研究怎麼去組合多肉植物。**

學習「組合」多面相的多肉植物的時候，在思考的過程中，竟然投射出了我自己的心思。我想著，我的人生也可以有很多種「組合」，也有很多種面向啊，我為什麼要困坐在這裡自怨自哀？當我專注在種植物的時候，我的所有病症慢慢開始緩解，我把自己就封在一個小小的世界裡，拚命地組合，而每一次組合，因為每一株植物都長得不一樣、面向不同，我常常一個晚上換好幾十種方法，才會完成一個盆栽，而在快速地轉換面向的同時，好像也幫自己從迷失的、沒有成就感的人生漩渦……一層一層、一圈一圈地繞了出來。他可以算是啟動我改變人生的第一個啟發盆栽，後來變成我的一個很重要教案叫「漣漪」。

漣漪二

漣漪三

漣漪一

我一直是一個很有自覺的人，關於我想要做什麼事，想成為什麼樣的人，我一直都很有自覺，我是一個想到就去做，說得到、做得到的人。

# 我把自己撈回來，你自己必須存在、必須強大

「回到小時候」，這件事情後來也成為我的一個很大的教案，幾乎每一個人我都會請他回到「你自己過不去的那一天」。比方說我現在四十四歲，我回到我想當藝術家的那一天，我什麼時候意識到我想要當藝術家？那是我十四歲的時候，我回到我十四歲的時候，用四十四歲的我看十四歲的那個我，我看到，她還在發光。

**植物的生長全然不同，有各式各樣，春、夏、秋、冬生長的或休眠的，當我們越學越多，越懂越多，我們會開始發現很多有趣的事情——什麼樣的種植可以平順、和諧地共同存在與生長，漸漸慢下來的微小觀察，所有感知一一甦醒過來……於是，當一些突然的事件插進平穩步調的時候，我好像沒有那麼急躁了，我不會像以前一樣覺得我非得馬上、或一定要怎麼處理。**

我小時候搬過數十次的家，有時候會覺得我這一生真像是浮萍，難道這就是我的命運嗎？後來，我從認識植物的過程發現到，因為我只認識浮萍，才會一直說我的生命如浮萍，當我認識了蓮，認識到蓮的根有多深，足以將湖面結滿，足以讓搭載引擎的船隻都開不過去……自此之後，過去那個「我很衰」、「我是浮萍」的自我，決定要來生根——決定要學會落地生根。

**十四歲的我最嚮往的是全然的精神自由，而我覺得「藝術」就是一種全然的精神自由。藝術就是，喔，原來是這樣啊，這個就是我。當我們畫了什麼，或做了一個什麼東西出來，別人看了**

**覺得很有意思，覺得很好，這樣溝通就無礙了，我們不用多費唇舌。十四歲的我想要的，是不想要多費唇舌。**

回到十四歲的我，我在東華書局遇見過當年的蔣勳，還有像林奇偉這樣偉大的藝術家。林奇偉老先生很可愛，他簽名都簽注音符號，我還記得他對我們說，看看爺爺簽哪裡、爺爺簽這個……我那時就覺得，為什麼？為什麼他不過是用注音簽名，大家會這麼尊敬他？他一定有某種力量。所以，我從那時候就被這個力量迷住了。我十三、四歲的時候，有幾年的時間，是在東華書局長大的。那時東華書局的老闆是卓鑫淼，當年也是雲門舞集的支持者之一。我爸爸在東華書局工作，他常常會帶我跟姐姐去上班，卓老闆是一個氣度風雅的人，加上他沒有孩子，因此他很歡迎員工帶孩子到公司，可以去那裡看書。

從小我們就讀了大量的書，我跟我姐是閱讀狂，我爸爸平常就會拿書回家。我們住的街上有三家圖書館，我媽媽也常常把我們丟圖書館，所以我跟姐姐是在書堆裡面長大的，人家說「女孩子要富養」是真的，我們大量的時間都在被書富養著，心靈也被富養著，雖然我們家沒有錢。那些在東華書局經常往來的叔伯阿姨們，我常常聽他們談論藝文逸事，那個在書櫃下小小年紀的我，被他們談論的事情迷住了，那些東西是如此的純粹，如此的自由。

他們都會問我們這兩個小女孩一些很有趣的事情，大人們都會問小孩子說，長大以後要做什麼啊？我剛開始說，嗯，我要當律師，因為我小時候就像個正義使者一樣，後來又覺得，雖然當律師可以行使正義，可好像有一點沉悶。所以我又想，我喜歡柔軟一點的，而且我喜歡溝通，又不喜歡講話，那做藝術好了。所以，我十四歲的時候，就知道藝術這個東西是有力量的，因為我看見了。

我從小，除了自覺以外，我也是一個自學者。我在元培醫專的學業沒有完成，因為我一直都確定我沒有要在這一條路上。我告訴自己念到四年級的上學期，我就可以休學了，因為我已經有高中同等學力了。所以，我從進學校的第一天，我就在密謀這件事情，我的同學後來笑說，「你再逃啊，會念醫科的人都是帶著天命，逃走了還是要服務世人。」我笑著對他說，我相信。

其實當年的我考上了北一女，也考上了台北工專、台北商專，全部都是第一志願喔。可是，年少的我，一門心思就覺得我應該要走藝術的路。所以我心目中的第一目標是復興美工，可是他要考術科啊，我小時候根本都沒學過，所以大人就跟我說，讀了那個以後也只是去西門町畫招牌（現在畫招牌的是國寶了）。當時我的年紀那麼小，即便我很清楚自己想要的是什麼，我也無法去對抗大人。所以，我就想著要快點長大，我想要時間快一點，我想著，我要「累積長大的能力」。

**當我回到自覺，回到我小孩子的模樣，回到我的過去，我意識到「老」這件事，也就是意識到時間的消失，我突然覺得，我們人不能漫無目的，因為人生很短。**我很快就要死了，我頂多再活二十年，好運一點再活三十年。然後，我就開始算了，我把我的人生數格子，數完就發現自己很快就沒命了，我也會害怕老去。所以我學會了珍惜，不要等老了、病了才去正視這件事情，我

我現在四十四歲，我回到我想當藝術家的那一天，我什麼時候意識到我想要當藝術家？那是我十四歲的時候，我回到我十四歲的時候，用四十四歲的我看十四歲的那個我，我看到，她還在發光。（小時候的《藝術家》雜誌拿來給學生創作成「活書」）

覺得老天爺不斷地在送功課來，也不斷地送養分來，當我們的自覺打開了，他送進來的養分，我們很快就可以吸收進來。

# 我相信的一切，都是老天爺在安排的

在我教學的過程中，來上課的學生們常常都會跟我說，既然拿了老師的「禮物」，那做學生的就應該交「作業」，每次得到這樣的反饋，我都會覺得很自豪、很幸福。一直到，那一年我的父親自殺過世了。在那個當下，我非常地沮喪，我什麼都不想做了，我不想當老師了，我不想當園藝治療師了，我陷入深深地哀慟中無法自拔……可是答應了別人的工作還是要做啊，當時我跟一家百貨約定好了個人展覽，我就拿了一株觀音蓮種在玻璃球上，瑕疵的玻璃氣泡像我流不出的淚，因此我為他取名「憐淚」，把這個作品展了出去。

當時的我同時還有一期課程，剛好到了結業的時候，我的學生們知道了我父親的事，看到我在網路上發佈了這個作品，他們那一班的同學就開始紛紛地每隔幾天就傳他們自己種的「玻璃淚」給我看，就這樣陪我度過了七七四十九天，默默地陪我流淚，這個眼淚我不敢流出來，同學藉著作品替我傳遞內心的悲痛，同學們的反饋，讓我一點一滴地感覺到釋放悲傷。

**我有一個教案叫做「瓶心靜氣」本來教授的是「平心靜氣」，卻也讓我流出了「玻璃淚」。我的個性一直都表現出很勇敢、很正向的一面，然而當我遇到了人生中不可承受之痛，他來了，我遇到了，我不知道要怎麼走過去。**這就是關於「悲傷」學習的部分了，我們每個人都會在不同時間點，遇見不同的悲傷，而「悲傷」有好幾個階段，我們可以試著去理解。

我在之後的兩年，學習如何對自己做「悲傷治療」，剛開始，我也不懂的，植物也不會告訴我怎麼治療悲傷。然而，我一直以來都跟同學們說、跟身邊的人說，植物就是向陽的、向光的，所以我們受了委屈就要說出來。我身邊的好朋友們，把我平常講述的反饋給我了，換他們來跟我說，「你要相信自己的方法，你要繼續種植物、繼續創作多肉組合，人家找你做案子，就接下來，不要自己一個人在工作室做，我們陪你。」

有時候，我們需要的是沉澱，並不是需要安慰。那時候，我可能一個晚上只種了一株，或者在工作室待到半夜，我的朋友們就陪在一旁，陪著不發一語的我，只跟我說，就種吧，累了就回家睡覺，我一直以來分享出去的，正向的語言跟植物正向的力量，在這個時候，源源不斷地反饋給我了。

我們在感到悲傷、感受痛苦的時候，最害怕的是遙遙無期、永無止盡的感覺。事實上，悲傷是有階段的，心理學幫我們統計了，大約有兩年的時間，而最難熬的是前半年。一開始我們會「不敢相信」「怎麼可能會有這樣的事？」我們不相信、也不接受這件事。再來就是「憤怒」，為什麼會這樣？是誰造成的？我們會找尋歸咎的對象，然後就是「悲傷」跟「逃避」。因為，我需要療癒我自己的悲傷，所以我去找尋問題的解答，「悲傷治療」是其中一個解答，**而我體認到，我把我的痛苦、悲傷的歷程，變成了更深層的學習，轉化成多肉植物組合的創作，而這一件事，每一個人都可以做得到。**

瓶心靜氣一

憐淚

瓶心靜氣二

我們在感到悲傷、感受痛苦的時候，最害怕的是遙遙無期、永無止盡的感覺。事實上，悲傷是有階段的，心理學幫我們統計了，大約有兩年的時間，而最難熬的是前半年。

過了很久以後，我再提到我的父親，我對自己說，結束的是他的生命、他的人生，而對我來說，他的人生存在的事實不曾改變過，重要的是他在我生命的經過，他在我的人生的存在感。很多人不去記得這樣的一段「真實的存在」，一直想著「他死了」「死了」，困在這段無法延續的「點」上。

我們唯一可以準確預言的就是「我們一定會死」，只是我們每個人在不同的時間點死去，既然結果我們都知道，我們是不是要加倍珍惜生命，自己的、他人的以及自然萬物。

# 悲傷從圓滿開始

如果一個人退休了以後，要有二十樣才藝與興趣才會幸福，請問你現在具備幾樣了呢？我曾經設計一系列名叫「大人的心靈植栽」課，第一天上課我就這樣問課堂上的五、六十名學生，結果只有一位學生說自己已經擁有了二十樣才藝跟興趣，每一個人都發出了驚嘆聲，一致很羨慕他的幸福。接著我又問了，說說看為什麼想來上「大人的心靈植栽」？有的人說，自己本來就喜歡玩花玩草；有的人則說自己有一點困擾，想藉著園藝得到一種療癒……大多數的人都毫不設防地說出自己心裡的感受。其中，有一對中年夫妻引起了我的好奇，我就問，兩位又為什麼會想一起來上這堂課呢？結果妻子回答我說：我們要培養夫妻共同的興趣。

**那天我帶了圓盆，這個東西叫做「圓滿」，是我設計的一個教案，因為療癒悲傷要從圓滿開始，悲傷就是因為不圓滿啊。**所以，每個人都會有一個圓盆，依照自己的設計把選好的多肉植物種進去，沒過多久，我就發現剛剛那位妻子的設計跟別人不一樣，她種出來的盆栽像甜甜圈一樣，我就喊她，「姐姐啊，你的盆怎麼是空心的呢？」

她就回我說：「因為我不知道我中間要放什麼？」

我接著又問她：「你最近是不是發生了什麼事，讓你生活的重心不見了？或者，你這塊空洞的部分，是有什麼遺憾嗎？」

我才問了這兩句，她就哭了。哭了的她，馬上就引起了所有同學的注意。我一邊安撫她，一邊說：「你想說嗎？你想說我們可以傾聽，可以陪你。」她哭著說：「我的確失去了我生活中很大的重心。我現在最大的生活重心就是我先生，所以我才跟他一起到這裡來……」

她說完，所有同學都替她與她的先生報以熱烈的掌聲支持他們。

當天下課後，我就接到了她私下發的訊息，她問我：「老師，我有這麼明顯嗎？」當我問她是否失去了很大的一個重心時，她嚇壞了。然後，她就開始跟我說她的故事。

他們曾經有一個孩子，孩子上高中的時候，有一天在學校的運動場跑步倒下去，就再也沒有活過來了，他們就這麼一個孩子，才十幾歲的孩子，在學校裡面跑一跑，就這麼沒了，這對他們夫妻，對一個做母親的，無疑是巨大的打擊與傷痛，但是兩夫妻都沒有就此放棄希望，他們在傷痛之餘就想了一個方法，再生一個吧？雖然她已經四十歲了，在生育上並不是這麼容易，還是透過人工受孕的方式，懷上了，並且將孩子生了下來。然而，命運之神是如此殘酷，這個孩子竟然在不久後也離開了他們，再一次地，她徹底崩潰了，這樣一場空的結果，她不知道自己的人生還剩下什麼。

後來，她藉助許多智者的開導，藉著如植物般正向向陽的力量，讓自己的心情平和。她真的是很有智慧而且容易轉念、心靈強大的人，不是不再有悲慟，而是她讓自己回歸看到事情的本質，

很多事情我們要讓他經過，而不是去遺忘或是去掩蓋。不管我們接不接受，終究都要「經過」的，不接受的你只是延長了這一段路程，加深了苦痛。

然後她接受了，她選擇了不讓自己受困，正面的迎向未來，這一輩子就她跟她先生過了。

很多事情我們要讓他經過，而不是去遺忘或是去掩蓋。不管我們接不接受，終究都要「經過」的，不接受的你只是延長了這一段路程，加深了苦痛。**試著接受「經過」這一件事，那就像你為自己造一條路，你得自己造，才能讓自己「經過」，就像我們在做組合盆栽的時候，你要造出路來讓植物「經過」，你硬是擋住他，就是要他撞牆。這是一種蠻橫，你對自己蠻橫，阻礙的不只有你自己的生命、你的生活，你的蠻橫也會讓別人受傷。**

人所有的美夢都在於延續，人的欲望也在於延續，這就是我們人的求生本能。因為沒有延續，所以痛苦。所以，我們要學習，所有的發生就是一個過程，還在延續啊——一個點的結束只是他的生命結束，但是他的人生存在是一個事實，只是他的時間比較短。

老實說，有一些傷痛期是很長的。當她的組合盆栽看起來沒有重心，是再度提醒她，她還沒有全然地接受，所以她下一次再來的時候，她就願意試著在中間種，試著把焦點放在中心了。這就是在做組合盆栽的時候，可以得到的最大改善，不是我施了什麼魔法，是她自己心態的轉變，她跨了那道門，這也是我在教過數千學生以後，看過太多這樣的案例以後，願意繼續在多肉植物組合上去努力，最重要的一個原因。

# 做一株想要碰觸大樹的小草

我們對生活的信心就像「根」一樣，他埋在我們的生命深處，從你一出生到此時此刻一直對你產生影響。一個小嬰兒哭了，到底要不要馬上去抱他？有人說要馬上抱，有人說不要馬上抱，這些說法都是斷章取義的，你要先觀察他，他是不是餓了？尿布濕了？還是肚子痛或被蟲咬了？小嬰兒會哭有很多原因，你知道多少可能的原因，這也需要要學習。如果我們單一地聽信了「不要馬上抱」的說法，我們就可能在有需要撫慰的孩子心裡種下了「沒有安全感」的根。

**每一個人的盆栽長得都不一樣。有些人看起來很溫柔，講起話來客客氣氣的，可是為什麼在種植物的時候會特別粗暴？這一件事情如果剛好是你，你發現了也會嚇一跳吧，你竟然會這樣？這是為什麼呢？**

我有一個喪偶的學生一直沒有辦法走出先生離世的傷痛，平常只要一提起先生就要流眼淚、傷心崩潰。所以，她不能也不敢提及她先生的事，既沒有辦法好好吃飯，也沒有辦法睡覺，什麼事情都做不好，那個悲傷是如此巨大難以填補。於是，她選擇學習親近園藝、做盆栽，她在臉書上關注了我們一段時間，看我們常常提及悲傷、療癒、園藝治療……等，就產生動力了，就鼓起勇氣跟我說她想來上課。

有一次她在做一個組合盆栽，做完之後竟然出現了「止」這個字，我跟她都感覺到非常驚訝，那天她再說起她先生離世的事，然後她驚呼：「我這次怎麼沒有想哭了？」我說：「是啊，你停止了！」她從完全不能面對，到開始正面地思念她的先生，她的悲傷開始止息，在經過不斷地練習、再練習以後。後來，她決定要集結她對先生的思念開一個展覽，她決定相信自己能夠做到這一件事，這樣的自己就真正克服了「不敢面對」的過程。

老天爺對我很好，祂讓我看見了很多「什麼是幸福」。事實上，如果我沒有看過什麼是好，沒有學到什麼是好，我不會知道什麼是好，我也不會去靠近。我看到很多人的幸福跟快樂，他們的做法跟想法哪裡不同，他們是如此地深愛彼此，他們之間有什麼祕訣嗎？其實，就是一種全然的信任、全然的愛，沒有分別心的對待，好簡單，卻沒有幾個人可以做到。

我一直覺得自己是一株小草，一株想要碰觸大樹的小草。所以，這個讓我跟她產生感動，轉變我跟她的教案就叫做「獨樹一格」，上面都是小小一撮、一撮的草，有些人看了可能會認得，他叫佛甲草。佛甲草很有趣，本身他就有很多顏色。每一個人都知道小草有他的韌性、韌度，有他精采的地方，比較細心的人就會看到。

**「獨樹一格」就是把這一撮一撮的小草集合起來做的綠雕，我用上百株的小佛甲草雕成一個大型體——象徵聚沙成塔。佛甲草的生物特性是耐重，而做綠雕很容易折損植物，所以我特意選了生命力強健的佛甲草，慢慢地雕塑他。**我架了一個裝置上面有幾百個孔洞，一開始從最下面一株一株地斜四十五度角種，讓他可以往上長而不會下垂，所以要很細心地觀察每一株小草，最後

綠雕

佛甲草

獨樹一格

我看到很多人的幸福跟快樂，他們的做法跟想法哪裡不同，而他們是如此地深愛彼此，他們之間有什麼祕訣嗎？其實，就是一種全然的信任、全然的愛，沒有分別心的對待，好簡單，卻沒有幾個人可以做到。

再鋸成一棵樹。

我用數不清的、數百株的小草聚合起來依附在龍眼木上面，顯現了另外一個獨特的姿態。其實，你要是拿竹筷子給我，我也可以將他依附在竹筷子身上。當一個人願意被雕塑的時候，可以形成很巨大的力量，不要忽視你自身的能量，你必須有信心，小草都能變大樹。

# 皮開肉綻

有一天我到園藝店，老闆拿了一條帶了樹皮的枝條給我看，老闆也不知道他能做什麼，我仔細端詳了一下，覺得很有趣啊，就決定帶回家「種種看」。那時候正逢中秋節到了，我就想著讓他變成一個圈，來種一個像花圈一樣的東西好了。一般的花圈都種得滿滿的，然而種得滿滿的花圈很難有空間去生長，雖然剛種好時看起來很漂亮、很美滿，但是一旦太美滿了，植物就沒有位置了。

美滿是每一個人都喜歡、都想要的，我就把這個枝條纏在一塊，像一個藤圈一樣，然後有樹皮的部分露在外面，再把鐵網縫在樹皮上面——變成了他的支力點。我們人吶，不管處在多困難的環境中，就算是攀在懸崖邊緣了，看到一條細線也會死命地抓牢，我也是一樣的，不管我的處境有多糟，我都想把自己抓牢。所以，我試圖把枝條打結、弄成一個圈，而那唯一可以種上生命，也就是植物唯一可以活下去的地方，就是那一點點樹皮。

**當我在種「皮開肉綻」的時候，我感受到的是「有痛苦就會有美好，痛苦與美好是相應相生的」，因為真的很難啊，在一塊樹皮上種多肉植物，我得要一隻手拿著藤圈，另一隻手在藤圈的樹皮上種，我沒有支力點啊，在沒有支力點的情況下縫縫補補，一下子用手拿，一下子用下巴夾著……這不是自找苦吃嗎？**我就想到了，為什麼我老是要跟自己過不去呢，台語叫作「鑾皮」，我為什麼要這樣倔強呢？因為，我的創作就是要跟別人不一樣，就算過程很痛苦、會受傷，我也願意忍著痛去得到後面來的美好，所以我才會「皮開肉綻」啊。

就算我這麼努力了，我還是會有失敗的時候喔。我種到一半的時候，藤圈散開、植物掉下來了，然而，不是努力就一定會成功，努力了也會有失敗的時候，我只是不允許自己努力了這麼久卻半途而廢。

所以，我撐過去了，我把他種好了，然後再一次開始端詳他。我看到樹藤的內側有一塊凹槽，像搖籃一樣的一塊樹皮，心裡又想到，這個作品讓我飽嚐苦難，我得要在搖籃中當小寶寶好好地享受一下吧。於是，我在那一塊凹槽上再種上一些我喜歡的、看了會開心的植物，然後我就不再覺得辛苦了。**這是一種平衡，「皮開肉綻」了以後你得平衡。想像一下，你在一個圓圈上方找了一塊地方種了植物，你會感覺危險，他會旋轉、一直掉下來，然而如果你在他的內側也找到地方種上植物，這個圓圈是不是就平衡了、穩當了，形成了一種支撐力——於是完成了一輪明月。**

老天爺給我了一個天賦，靠近植物讓我開啟了「傳達」的能力。「皮開肉綻」是我個人的一個生活經歷，我用了一個誇張的方式吸引你的注意，因為你常常會忘記你有多辛苦，所以你撫慰自己的時候往往沒有用力，你要更厚厚實實地給自己溫暖才是。就像植物掉葉子，他生病了就掉葉子給你看，你痛了、病了為什麼要掩蓋？所以，要你當小寶寶的意思是一樣的，回到你小孩子的時候，每個人都對你呵護備至，當你「皮開肉綻」就去回想這個時候，該哭的時候哭，餓了就吃，

就算我這麼努力了，我還是會有失敗的時候喔。我種到一半的時候，藤圈散開、植物掉下來了，然而，不是努力就一定會成功，努力了也會有失敗的時候，我只是不允許自己努力了這麼久卻半途而廢。

想休息就休息了，你不用再隱藏——你也就回復平衡了。

我想要的是「你去想像那一輪明月」，月亮的光不像太陽那麼亮、那麼熱，每一天他都在告訴我們、在帶領我們——太陽出來的時候，我們學植物向陽，黑夜來臨的時候，我們就替自己做一輪明月。

## 光

很多藝術家、創作者都會講到「光」，原創好像只有少數人能做到，其實不然，只要我們願意去觀看，我們就能創作、就能感受。有一天深夜我正在睡覺，我感覺到我快醒來了，在半夢半醒之間，我感覺到了一大片的光，大亮的白光，就像置身在一個全白的三度空間中，我看到一朵花慢慢地綻放「啵」地一聲打開，然後又一朵、又一朵，就這樣一朵接一朵「啵」「啵」「啵」地開滿整個房間——感覺既平靜又充滿喜悅，然後，我就這樣醒過來了。

我覺得很驚人啊，雖然那一陣子的我腦袋裡只充滿了膠著跟掙扎，然而我真正想要的是一種平和，一種單純，一種平淡的滋味，為什麼我都往複雜的那一邊去了呢？所以，我想要「通透」，**我一醒過來就往工作室走去，我拿起了酒瓶，他是我創作過最通透的東西了，透過玻璃他看起來就像我夢境中那個充滿穿透力的房間，於是我拿了三朵多肉植物種在酒瓶的表面，象徵天、地、人，在這小小的世界，我領悟到——只要這麼少我就很快樂了。**

我們都無法避免繁忙地過日子，所以有機會的話我們就替自己找到「清」「靜」「幽」。我們要的不多就「清」了，那個房間告訴我們，乾乾淨淨就好，而當我們聽見了花開的聲音，就表示我們「靜」下來了。那麼「幽」又是什麼呢？「幽」代表我們的侷限，我們的憂鬱和陰影，我們很清楚的是，有光明就會有黑暗，他本來就存在，所以我們不要質疑痛苦的發生，他本來就會出現，當我們接受了他，生命中那些微小的、單純的事就很容易讓我們的心中生出喜悅了。

# 「少」還是「多」？

我們有一個練習的作品叫作「玻璃缸」，看起來就是一個很簡單的、全透明的缸子，在做這個練習的現場，我都會準備一百株的多肉植物讓同學們挑選，你可能放一棵黃麗、再拿一點雅樂之舞、再拿一點老樂，只要有「樂」字的你通通都想要，擺在一起了好看嗎？很難的，要簡單一點才會好看。這是一種誘惑啊，生命中本來就會出現許多東西，他們看起來都能豐富你的生活，你要不要謹慎選擇，還是你都一把抓，你的選擇都是你所需要的嗎？

這個小小的「玻璃缸」能裝進去的東西真的不多，其實他就很像我們的生活一樣。生活中有太多的事情、太多感覺都往心裡放了，你學習試著消化以及排空，你也可能一直都在忙碌中，陷在生活的混沌裡頭，所以我們要從裡頭跳出來，像靈魂出竅一樣，回到原始的、單純的只有你自己的時候。

**他還有一個會讓你很不能適應的地方——你埋下去的，你種下去的每一樣東西，都會赤裸裸地呈現出來，被別人看得一清二楚的，因為他是全透明的，這時候有些人就會想要「躲」，「躲」的表現就是，中間埋了一堆植物，然後外面再把他圍起來，很多人會用一些木頭、小石頭圍，我就會開玩笑說像「造墳」一樣，**事實上就是如此啊，怕被別人看見的就要帶進墳墓裡啊。你心裡埋的東西不能被看見，但是又要表現的光明磊落，其中會出現矛盾、掙扎，沒有很多人會願意全

生活中有太多的事情、太多感覺都往心裡放了，你學習試著消化以及排空，你也可能一直都在忙碌中，陷在生活的混沌裡頭，所以我們要從裡頭跳出來，像靈魂出竅一樣，回到原始的、單純的只有你自己的時候。

然地打開給別人看。

**其實，這個玻璃缸要告訴我們的是「緊靠」，同根同源的緊靠與叢聚，不互相踐踏也不互相遮蔽，我不用幫你遮醜，你也不用幫我遮醜。**同學們不能理解啊，為什麼我的「玻璃缸」可以三百六十度轉，每一個角度都很漂亮？因為，我們的「依靠」是堂堂正正的，就算是光溜溜的給別人看也沒關係，你轉著他看的時候是和諧的、順暢的。

我們在「玻璃缸」中要造的是一個小小的同心圓，你不能在同心圓裡面再造同心圓，那就成了疊套在一塊，所以只能有一個同心圓，一個小圈，他必須緊湊地放在一起。一個缸子不論他是什麼形狀，你都可以畫一個圓，分割成東西南北四個面來做，所謂方中有圓，圓中有方，東西南北各放一棵之後，再靠著每一棵的旁邊種小一點的、矮一點的植物，這樣放射狀就出來，他們的中心都是一樣的，所以一個透明的東西就是要光明正大地依偎在一起，中心不要亂埋就會漂亮。

最重要的是三百六十度的環視，每一個角度都要檢查是否和諧，要做到和諧關係的運用很不容易，所以每一株你放進去的植物都要慎選，你不能只是選你喜歡的植物，常常你只要捨去你喜歡的那幾株，你的玻璃缸就漂亮了、和諧了，但你就是捨不得。所以，我們不要淨往自己生命裡面塞太多想要而不需要的，我們生命中的關係自然就乾乾淨淨、一片和諧了。

## 活著就是得一個「豐盛」

我一向喜歡簡單，喜歡「少」的設計，但是也有很多人喜歡種「多肉花圈」，你可以盡情地把你喜歡的多肉植物一次種二、三十株進去。想想看，二、三十株的多肉植物的排列組合會有多少，而且要排成一個圈，再加上大小不同的圓圈，所以要在幾何的排列中找到邏輯跟順序其實是很不容易的事。而且，把多肉植物種成花圈的風險很高，首先如果不會修整，他的觀賞期可能會比較短，再者就是種植時的角度跟力道沒有掌握好很容易損傷，或是在密集的種植下間距沒有拉好也會妨礙他的生長跟存活。

所以，有一次我在上課的時候就忍不住問同學，問他們為什麼會喜歡這麼擠的「花圈」，其中有一位同學本身是很資深的花藝老師，**她這樣對我說，「人活著不得一個花圈，不得一個豐盛，難道等死了別人送的那一個花圈嗎？」我一聽如雷貫耳啊，這是她以一個花藝的智慧，坦蕩地接受結束的那一刻，她不怕結束，她就是喜歡、她快樂地擁抱豐盛的花園，相反的一直強調簡單，強調「少」的我，跟她比起來，顯得害怕多了，我無法靠近美好！**這樣一位坦然、有智慧的姐姐，當然也在我往後的人生中成了我的良師益友。

既然我害怕了，我就來好好地想一想，我這一生要留下什麼？那一個繁複的花圈，其實也像我生命中的許多複雜經歷，所以我試著也去喜歡「花圈」，雖然我還是不敢種得很滿，或許那也代表我的生命沒有那麼「美」跟「滿」，然而每一個人都可以有自己的自然法則跟感受，每一個人的生命奧妙都可以不同，你的觀點可以跟我不同，我們一起分享的不過是我們的微妙變化而已。

# 要拿到冠軍一點都不難

原創力是可以訓練的，從認識你自己開始，然後帶著你找到自我的主張。我選用過一個長得像冠軍盃的盆器，他象徵了豐盛與榮耀，美好與燦爛，而他不會平白地從天上掉到你的手上，你需要付出努力得到。然而，我們從小就在別人的期許下，努力去追求「冠軍」，都只是接收而已，長大以後沒有人期許你得到冠軍了，那你有沒有期許過自己呢？所以我就有了「冠軍」這一堂課，「喚醒你這一生中感到最榮耀的時刻」。

「我從小就想當一個家庭主婦，如果我當上家庭主婦，我就覺得自己得到冠軍了！」，在一堂課上有一位同學這樣說。有些人可能會覺得不可思議，這樣也算是「冠軍」？她後來說了，她只想要找一個人願意跟她並肩坐在公園裡一起吃冰淇淋。這樣一個平淡而簡單的幸福，她說她追得很辛苦，她希望自己有一天可以做到，聽她這樣說，我們每一個人的感觸都被打開了，開始去尋找微小的感覺，把那一些自己不以為意的事情通通找回來，不是跟她「比較」，而是從自己的內心去找。

每一個人想要的「冠軍」本來就不同，我們常常會忘記自己追求的是什麼，而且我們好像追求的太多了？另一位同學又說了「我只想要賺錢去環遊世界，這樣會不會很俗氣？」這一位同學當時已經去過了四十個國家，她說，「人家都說，我賺得錢都花光光了」。事實上，為什麼要在

原創力是可以訓練的，從認識你自己開始，然後帶著你找到自我的主張。

乎別人怎麼看待自己的夢想？她靠自己的雙腳走遍世界的那一天，就是她感覺最榮耀的時刻。

**「冠軍」是非常豐富又華麗的多肉組合，要做成這樣的組合需要的是「老練」，我會拿十幾二十株植物要你種進去，你需要學會在錯綜複雜中理出頭緒。**他是放射狀的、有層次的，你要像切蛋糕一樣分成十二等份，你要種下去之前需要仔細觀看，「冠軍盃」是一個圓圈，不一定都是正圓的，他要展示的是一種循環，三百六十度的觀看，種成後變成一個拱，不管你轉哪一個面看都是一個半月的放射狀，事實上也是很複雜的。

然而，有一些人就是可以將線條或是塊狀的部分很快地想像出來，輕而易舉地就理出頭緒喔，所以「冠軍」是做起來比想像簡單的組合。你聽我這樣解說感覺很難對不對，事實上只要記得你要做成半圓形，該升的就升、該降的就降，這幾個原則就行了。一個圓拱是不是有一個高頂，所以你只要找到那一株最高的，然後其他植物都種得比他矮就行了，這就是所謂的「順成」，順著半圓一株一株慢慢地降下來，想像他是一個量角器，你總不會在零度的地方種一株最高、最大朵的植物吧？

**所以要拿到冠軍一點都不難，在錯誤認知的途徑下才會造成困難。因為，要一步一步才可以墊高，首先你一定要先找到最高中心指導原則，也可以說是一個最高的目標「定植」，你超過他中心就下陷了，就沒有冠軍了。**就像很多人會自認為做得比老闆好，為什麼他沒有當老闆？然而，他的工作不是要跟老闆比誰做得比較好啊。同理來說，這是一念之差，你的心念決定你的「冠軍」

最後能不能做成，你像一個量角器一樣從零度開始堆疊，該幫襯的時候幫襯，該補滿位置的地方補滿，最後你形成的弧線就是一道優雅的拋物線。

## 搭橋讓自己過

你一定意識得到，你的生活得要先了解自己以後才能走向未來，而在每一段過程中你都需要替自己搭橋，你需要各種媒介，「明日之橋」這個教案就是這樣生出來的，人生的各種過程就像一道拱線，從A點到B點，從低點到高點，他也是一種「跨越」，在過橋的過程中你會遇到各種阻礙，你會學習到憐憫你自己，實在過不了了就在橋上坐下吧，休息一下有什麼關係，你真的卡住了，我們陪你一起流眼淚吧，所以我就找了幾座燭台，種上多肉代表流下的蠟淚，就是代替你自己流的眼淚。

燭台上流下的蠟淚很燙，你的眼淚也很燙，燙一下就過去了。蠟燭有幾個含意，一個代表時間的流逝，一個代表黑暗中微弱的光線，還有一個就是眼淚一樣的蠟淚了，如果流眼淚可以點亮我們，讓我們繼續前行，我們就試著做做看。有人華麗的流淚，有人絢爛地流淚，有人是默默地兩行清淚，也有人的眼淚流得六神無主、七零八落，也有人淚流的很誇張、張牙舞爪地，因為流淚需要很大的支撐，所以你可以再綁了一些樹枝在燭台上，就有了另外的支撐力，讓你可以放肆地、盡情地流眼淚了。

## 【地】

不管我們丟什麼東西到水面上，一定會激起水花、形成一圈圈的漣漪，那一圈圈的漣漪會持續到永遠嗎？他終究會停止的，會趨於平靜。所以，你激烈的情緒一個拋物線丟進來了，或你一個嚴重的事件一個拋物線丟進來了，結果去看都只是我們生命中的一瞬間，而你投擲的每一瞬間，都會造成一些水花或一些效應。

# 應無所住而生其心

有一位媽媽跟她兒子一起報名了我的組合盆栽課程，她是一位虛弱的癌症患者，沒有什麼力氣，我知道了就坐在她對面，她想種什麼地方就由我代為種入，然而我不去影響她，仍然讓她先觀察植物以及位置，然後我一株一株的幫她種下。**完成了以後，她的兒子也把自己的盆栽拿過來了，兩盆盆栽放在一起的時候，大家一看都嚇了一大跳，驚呼「像照鏡子一樣耶」。我自己也很驚訝啊，我說，天啊～這堂課不是我在上啊，是老天爺在上喔。**

為什麼？孩子的媽媽問，我說你知道嗎，孩子是看著我們的背影長大的，媽媽過去在工作上面成就非凡，孩子學習到你在工作上的強悍、勇敢，可是當你在身體患病的時候，你表現得一籌莫展、灰心喪志，你的孩子看見了擔心不已，孩子在想辦法幫助你、一直陪著你，陪你走出家門上課，孩子學會了你的勇敢，現在正支撐著你。如果，你還記得本來的你，你的「心」強度要高一點，要回頭看一下你的孩子，跟孩子說沒關係，苦難來了我們就是得度過，你面對困難的態度才是你能夠留給他最好的禮物。後來，他們母子抱在一起哭了。

不管我們丟什麼東西到水面上，一定會激起水花、形成一圈圈的漣漪，那一圈圈的漣漪會持續到永遠嗎？他終究會停止的，會趨於平靜。所以，你激烈的情緒用一個打水漂的姿態丟進生活來了，或遭遇一個嚴重的事件像把利刃用拋物線、大途徑地狠狠刺進來了，終究回過頭看都只是我們生命中的一瞬間。

「應無所住而生其心」就是不在一個念頭或是任何現象執著、牢牢不放。我們會拿一塊長形的木頭或樹枝，讓同學嘗試把他架進一個圓形的盆器裡，接著要種進去的多肉植物們就像水花一樣，有人的水花很大，有的人水花很小；有的人從大水花慢慢地把水花種小，慢慢的以小草漫出，表現出心境平緩的樣子；有些人種出來的樣子完全沒有平緩面，這樣的人對每一件事情的反應都會大一些、敏感一些，然而我們也可以解讀成「豐盛」，只要稍做調整，也可以是一盆呈現出美感、力道的組合盆栽。最終，我們都會學習到，什麼時候該「停止」了，順應漣漪的一圈圈波紋化為平靜。

**我們把木頭架到土裡的時候，就像手舉起來一拋——把一樣東西拋或丟進水裡。拋出去的那一道弧線，就像我們做每一件事的過程一樣，所以我常會跟同學說，帥氣一點，就像一條拋物線，是一種很棒的律動，他是一氣呵成的，這木頭就是「你丟出去的力量」。**

順應你自己的心，你投擲的力量、順著他，終究他將停止。「力道」、「水花」、「停止」是三個階段，但是每一個人不一定都可以依照這三階段去做，有些人的木頭無論如何都架不好，有些人一直在做水花，有些人做不出漫走的漣漪……能夠一次就把三個階段展現出來的人，通常都比較老練。

聖經上說「患難生能耐，老練生信心」。我們遇到了苦難首先會忍耐，不斷地練習才能度過，度過了就會生出老練，你老練了就有希望、有盼望了，有了盼望就不至於羞恥，回到我們的內在。很多人在經濟上無法自由的時候，沒有錢、吃不飽就談不上有羞恥心，為了能吃飽要不要忍耐？為了經濟問題忍耐著努力工作，忍耐久了你就越來越老練，你的工作越做越好，你升到一個比較好的職位，是不是多了更多盼望，你也有能耐可以做其他你想做的事了，是不是就不至於羞恥了？這是一個很重要的循環。

我們每一天的日常會有很多東西拋進你的生活中，各種好的、壞的、大大小小的事件會一直不斷地拋進你的生命，而你一開始的想像就會侷限你自己。所以，每一件事情的本質就是關鍵，你能不能很快地分辨出來？最後的「停止」就是你能不能冷靜以對，就是你有沒有把事情處理完。

臥地延命草開花

老練

聖經上說「患難生能耐，老練生信心」。我們遇到了苦難首先會忍耐，不斷地練習才能度過，度過了就會生出老練，你老練了就有希望、有盼望了，有了盼望就不至於羞恥，回到我們的內在。

# 你傾聽了嗎？

以死亡為「終點」的存在形式極美，然而我在設計盆栽組合的過程卻沒有選擇放手一搏，我選擇了讓多肉植物以「長存」來表現藝術，我把他的根用水草包起來，跟竹子纏在一塊，成了花莖，他依然還活著，只是被限制了生長的速度，但不致於讓他受傷，他可以表現出像切花花束一樣的豐沛，依然活著。

所以，有時候你需要去變形，配合與呼應他人的需求，當你需要創造另一種形態，不要害怕，你可以以不同的形式存在。**花開了以後就會謝，可是多肉植物的臉天生就像朵花，可他是有根的，活著的。**人們愛任何有生命的東西，然而不管是人、寵物或盆栽，都免不了一死，我的意思是你給予了「信任」以後，你可能會受傷，難道你就不去「愛」、不去「信任」了嗎？大家都愛美麗的花束，可是他有一天會枯萎、會死去，你親手綁上的花束有一天可能會死去，這樣你就不愛了嗎，你就不願意嘗試了嗎？

你所愛的一切都是有風險的，風險的代價就是痛苦。很多人來上這一堂種花束的課，種得花葉七零八落地散落一地，不但多肉植物的根綁不好，花葉也弄爛了。當我們愛一個人的時候，你付出多少愛，他就一定會回報你相等的愛嗎？不一定，所以痛苦就產生了。當你承受不了這樣的痛苦，你就放棄了。就像你在綁一束美麗的多肉植物花束一樣，多練習幾次，即便這一段關係結束了，**他的根沒有死去，你還活著啊，多肉植物以花束的形象聚合起來，之後我們可以再把他們拆下來種回土壤中，人跟人之間的關係也是一樣，情境會轉變的，**只要有信心，不需要過於害怕，因為我們有根，因為我們還活著。

堅強的體質跟心理素質都是訓練來的，有些人天生體質比較好，有些人的環境以及每一次做的選擇都是往陰暗的地方去。你若是都往土裡面去鑽，你就永遠不會長高，因為長高的你才看得到天地的寬闊，才看得到人的渺小，自我不會再膨脹，本來你僅僅是關照「小我」，而揭開了「小我」的遮蔽後，你會開始關心天地，你就看得見別人了。

有一個女孩隨時都表現出憤憤不平的樣子，她覺得這個世界完全不懂她。有一堂課我們一起去海邊撿了一些雜木，她就拎了一支很大的木頭回來，看起來很像一個耳朵的耳廓。我就問她想怎麼種呢？她一時之間也沒有答案。因為，她自己撿了一支像耳朵的木頭，她也認為木頭的形狀像極了耳朵，所以我就替她訂了一個題目叫做「傾聽」。

我說，「你一直覺得別人都聽不懂你說的話，試問你自己是否聽見了這個世界在說什麼呢？如果你願意打開雙向溝通的門，就不會老覺得孤獨了，『傾聽』是雙方面的，難道只有別人要聽你說話，你也要聽聽看別人說什麼啊。」突然，她的表情亮起來了，我又繼續說了，「我們也常常聽不懂你在說什麼喔，我們互相了解一下好不好？你可憐一下聽不懂你的我們，我們也可憐一下聽不懂我們的你，所以我們可憐、可憐彼此，可好？」之後，我就拿了幾株象徵慈悲的「觀音

傾聽

我說，你一直覺得別人都聽不懂你說的話，試問你自己是否聽見了這個世界在說什麼呢？如果你願意打開雙向溝通的門，就不會老覺得孤獨了，「傾聽」是雙方面的，難道只有別人要聽你說話，你也要聽聽看別人說什麼啊。

蓮」，將「觀音蓮」種一株在耳洞，心伴隨憐，再種一點波浪狀的迷你火龍果，呈現出流瀉的感覺，木頭雙面都種上一模一樣的東西，做成了一種雙向傾聽，彼此釋出了意境。

我們對這個世界慈悲，世界才會回報給我們慈悲。她做完這個盆栽後非常的開心，她替自己打開了一道門，而且真正跨了過去。二十周過去了以後，她找到了想要的工作，世上所有事情在她看來不再像以前那樣艱難、惡劣了。事實上傾聽是雙向的，慈悲也是雙向的，深陷在窘境的我們一直以為自己在撞牆，其實是我們自己關上了門，我們只要把門打開就可以了。

# 造一個內心的花園

現代人居住的空間很小，住在都市中多只有陽台，很難有一個院子可以去造園。雖然如此我們還是想要怡情養性啊，而在住所的外圍，可以呼吸的地方就是門口了，我們走在街頭巷道中，經過人家門口或陽台上都看得到放滿了植栽，只要接觸了園藝，喜歡上植物的人，永遠嫌可以養植物的地方太小。於是有一天在家飾店，我看見了像一座花園的入口、也像一般人家前廊的壁畫板，畫上是義大利的風景，看了就讓人很嚮往，我就決定買一個回來，假裝那是我的小花園。

**我們學習多肉植物組合有很多種的方式，其中一種方式是以植物性的介質去種，就是所謂的用「水草種」。我有一個技術叫做「鑲植」，在園藝技術中稱作「上板」一般來說都是大型的蘭花、蕨類等吊在板片上懸掛，我的「鑲植」則是新式的上板。多肉植物的特性非常的耐旱，當他懸掛在板片上，只要些許的水草就可以種得好。**

不管是「上板」也好，或是「鑲植」也好，我淨想著要怎麼樣種才會有趣。我仔細觀察了壁畫板上除了畫滿了植物外，也鑲上了一些五金，有門口、有欄杆，我就想像這就是我家門口，我開始把多肉植物種在壁畫板上，試著讓植物去融合。這想像是一種選擇，我們選擇去相信、去靠近這樣的美好，就會融入其中，一心一意地摹擬面前這一張壁畫板就是自己家門口。這一株種在這裡妥當嗎？我要讓植物從欄杆的前面冒出來呢，還是把他放在門裡面呢？還是讓植物攀到隔壁的牆上？**「鑲植」的技術，讓植物在任何的地方都可以成長，我們可以隨心所欲地將壁畫板當成畫布，植物就變成了顏料。**

每一個人心裡想要的風景都不一樣，在課堂上我會準備很多，像腳踏車、鐵窗、鏡子的壁畫板，所以你一來就要做第一個選擇，你的第一個選擇以及接下來的一連串的選擇，決定了最後的發展。多肉植物的組合盆栽，著重於學習將單一的東西聚合起來，把一個人變成很多人，把「我」變成「我們」。

因為每一個人都有自由意識，就算是同一幅畫，每個人看到的風景不同，看到的景象會不同，有些人會看到樓梯的轉角，有些人會看到義大利的石牆，有些人看到鐵窗、或是看到陽台，有些人看到踏車就想到「滾動」……但是最後，你都會勾勒出一幅遠景，當你專注於一個內在畫面時，那個畫面會開始動，會增添細節、會展開，最終會讓你將這樣的想像與深層對話帶回家。

我有一個學生是大老闆，工作非常忙碌，在這一堂課上，他選的是腳踏車。「你這麼忙，還會想騎腳踏車喔？」我問他，他說他要不是坐飛機，要不就開車跑來跑去，忙的不得了，他一直都很羨慕騎著腳踏車在河濱公園閒晃的人，他想要以此提醒自己，把腳步放慢一點，看一看路邊的花草，停下來在河濱公園吹吹風，他說，看到腳踏車就像一個提醒，提醒他要休息。

我很替他高興，因為他開啟了自己的想像，接著我就跟他說：

**「你可以想像多肉植物是你自己、或是你承載的，多肉植物就是你自身承載的一切事物，你要把他放在哪裡？」**

他說：「啊，那我不要騎腳踏車了，我要『被載』。」

我說：「你要被載啊，那好啊……『被載』是你坐在後座，可是我們的腳踏車沒有後座，你就要自己加上喔。」

他就開始動手去把後座做出來。

我又問：「那前面騎乘的座位呢？有人嗎？」

他說：「沒有啊。」

我說：「那就讓腳踏車停著可以嗎？」

他說：「可以啊，就停著嘛……反正我就是想休息。」

我覺得這個過程真的太棒了，他替自己加了一個後座，他把自己想休息的心意就這樣種上去了。

## 街角

她的丈夫在國際農耕隊工作，夫妻倆長年聚少離多。這一天，她選擇了一幅街角、轉角的壁畫版。我問她為什麼選這一幅？她說，有些決定是相當困難的，但她必須放手，她說，她得放手

多肉植物的組合盆栽，著重學習將單一的東西聚合起來，
把一個人變成很多人，把「我」變成「我們」。

不是不愛她的丈夫了，反而是非常地愛，然而「愛」就要讓他去他想去的地方，所以她想在轉角種一棵樹，等待這一棵樹長大。她說，不是只有男人守護女人，女人也可以守護男人。當這一棵樹慢慢地養，她每天看這一棵樹長大，她就會覺得自己支持丈夫的能量得到了發揮。

人生本來就像一棵樹一樣，只要根咬得越緊，樹枝越長越繁密，樹葉越來越茂盛，她就會有安全的感覺，所以她的「轉折」是定下心來支持丈夫。這一幅畫讓她有了一種思念，她做的決定是以愛做支持。

## 鐵窗

歐洲風格的鐵窗也有點像落地大鐵門，有一種豪宅、大莊園的神祕，深不可測，大部分選了大鐵窗的人都有一個夢想。若想在鐵窗上種滿、佈滿整個鐵窗的藤蔓，我們就可以選藤蔓型、匍匐型的植物種上去；或者選一種會探頭的、向陽性極高的植物，就可以種出植物佈滿鐵窗、大鐵門的風景。

我有一個學生是一位花藝老師，她就把這幅鐵窗種得十分華麗，我問她，為什麼會這樣種呢？她說，她一直都在世界各國遊歷，她想要的就是一個豐富、有趣的人生，即便她的每一次探索都是未知，她一直都表現出很勇敢的樣子。

## 鏡子

**你想什麼自然就會去靠近什麼，你想要「富有」就必須去靠近內心強大、富有的人，以此類推，你在選擇植物的時候，就要去選擇特別強健的、或長得特別大的巨型種，看起來豐滿的、或很多頭的、會亂竄的、生命力張揚的……他會提醒你「我想要的是張揚」、「我想要的是我的生命力的綻放」。所以，每一次的選擇，都會把你的內心顯現出來。**

大部分都是媽媽們會選鏡子耶。他們共同都會有一個關照，看著小孩子就會看到自己，他們常常會選擇小苗型的植物，像小花、小草……種在鏡子前面。我有一次很好奇我就問其中一位媽媽，她說，小花、小草小小的才不會擋住鏡子啊，鏡子被擋住了不行，鏡子是用來照的，如果擋住了鏡子，就沒有辦法照出她自己了；而看見這些小小的東西也像看到了她自己，她可以出現在壁畫上面她也覺得很開心。

我覺得很有意思啊，「鏡子」這幅作品跟我們的親子關係非常的像，我看到的是「為母則強」。當你去關照孩子的時候，孩子是一個小小生命，也像關照植物的幼芽，他會有一種讓你很喜悅的感受，哇~小寶寶，新生命……的那種興奮感，是一種毫無威脅感的「新生」，你會感覺到快樂、特別的輕鬆以及特別地有耐心，就像回復到我們內心的神性一樣。

人與生俱來就有神性，孩子都帶著神性而來。事實上，所謂「神性」就是我們忘卻的五感的本能。小朋友餓的時候，他就是哭啊，肚子餓、嗯嗯了、不舒服了……就哭了，他開心就笑，在地上爬也沒關係，好奇什麼就往嘴巴放，這是神性。我們早就忘記了要去探索，因為我們學會了害怕。當你看到孩子的時候就會想起來，就會恢復我們的五感本能。

你是否曾經在該傷心的時候表現開心的樣子，這不是很奇怪嗎？「大人」就是奇怪的動物，「長大」就是在學一些隱藏情緒的事情。很多人沒有生小孩，所以我們養小植物，這也是一種照護生命的開始，漸漸地你就會感受到其中的美妙，你從照顧了幼小生命，一點一點地回復到你該開心的時候開心，該傷心的時候傷心了。

鏡子

鏡子

人與生俱來就有神性，孩子都帶著神性而來。事實上，所謂「神性」就是我們忘卻的五感的本能。我們早就忘記了要去探索，因為我們學會了害怕。當你看到孩子的時候就會想起來，就會恢復我們的五感本能。

## 學「定」

所有的顏色始於白之上，我們一出生學得是善良、純淨，就像一般人對白色的感覺，對比黑色的感覺就是所有顏色的相加，胡亂地加在一起最後就變黑色，顏色在沒有光的地方是不存在的，漸漸地我們把白色當成了「善」，黑色就當成是「惡」，我們就學會非黑即白的是與非判斷，可是，「自然」不是這樣教我們。在光中我們眼睛可以看到紅、橙、黃、綠、藍、靛、紫，事實上你跟我都知道，透過可見光，我們可以分辨的顏色不僅僅如此而已，然而有太多人忘記了，只看到黑與白。

一般我們說起植物，你第一個聯想到的就是「綠色」，可是「綠」有多少種？色相、明度、彩度、色調不一樣的綠？你仔細觀看一株植物，一定可以看出他不一樣的綠，拿三盆不同的綠色植物，將他們前後放在一起，是否就擺出了漸層？或者，不管你怎麼看這三盆綠色植物，他們看起來就是一團糟？是有可能的喔。

即便我們要組合的植物每一株都是綠色的，你還是可以找出層次感的，就像觀看一座山的時候，一大片的綠「遠淡近濃」。假設遠處的山巒是一大塊淡綠色，你的玫瑰花叢的綠色就深了些，簡單地觀察一下「山、木、花、草、苔」，你會發現世界的層次。

從我們觀看植物的顏色找出我們眼中的漸層，細微的感受就會出來了，我們在感官上面就不會只有黑與白。我們一遇到問題常常先問對與不對、是或不是，就會產生執著，失去了人性的、所有關係的層次，感性與彈性。

**你想像一下，你自己是眼前的一棵小植物，再看看外面的車水馬龍，外面是大白天接著一定是夜晚的來臨，植物都沒有動，你能不能也不動？植物什麼時候會動——「向陽」也就是太陽出來的時候，這是一種「定」的力量，我們化身為植物——春、夏、秋、冬一直在我們周遭輪轉，人事一直來來去去，然而我們都不動。**

「定」就是不受影響，所有的人事物讓他「經過」。人家說「風吹疏竹，雁渡寒潭」意思就是不留痕跡，只是經過——風吹過竹林對竹子沒有什麼影響，風就是吹過去了；燕子飛過潭面短暫映照身影，但飛過去就沒有了。我們試著定心，所有人事自然地流過，生命的事件讓他經過，我們就不再被煩憂困住了。

## 主觀

有一種多肉植物叫哨兵，看起來其貌不揚的一團球根形狀，想像一下蒜頭發芽的樣子，他的芽會長得很高，還會垂下來……然而，他在夏天的時候會開花，非常風雅的花香，從他不起眼的外表，你完全想像不出來的，你得要先認識他，才會真正的了解他，然後你得等待時間到了，等他綻放出的清香讓你身心舒暢，這一刻才是他展現本質的時候。

像哨兵這樣的多肉植物，你沒有去養他一年，你不看顧他四季，你得不到滿室芬芳的。「植物」是少數我們人不會去防備的東西，我們會防備什麼，來自於我們「主觀」的認知，譬如「歧視」——種族歧視，歧視外勞、外配……是不是因此有很多的隔閡、誤解？事實上，平等地看待生命，我們身心就會平衡。有太多外在的價值以及價格，太多帶著不平等的歸類，使我們忽略了本質。

## 是養分，也有一種能量

我是一個有潔癖的人，衣櫥裡掛得、疊得是一絲不苟的，家裡也整齊地像樣品屋一樣。在以前我不敢摸土的，我覺得泥土很髒，濕濕黏黏地、一定有蟲啊……可是當我開始學習養植物，我摸到了土壤，反而覺得土壤是溫暖的，我喜歡他上頭覆蓋的植被，有一種包覆性、生命力，土壤是滋潤的、是養分，也有一種能量，我非常需要他。我不僅用手去觸碰土壤，我也赤腳地踩在土壤上，想像植物的根深深地鎖在土壤裡面，好安心、好踏實。

有一次我帶一群老人家「綁樹枝」，也可以說是做一個「樹枝小盆栽」，他的概念跟做法都很簡單，隨意地找三支樹枝綁在一起，就變成了三角形像帳篷一樣，不需要再找盆器，也不用土壤。多肉植物真的很好相處，隨便給他一個棲身之地都是家，他都能活，我們利用水草取代土壤，再用一些繩子纏一纏，就成了多肉植物簡易的家。

我帶著這一群老人家到公園撿樹枝，我很愛跟著老人家去「挖寶」，他們對於打造一個家很

從我們觀看植物的顏色找出我們眼中的漸層，細微的感受就會出來了，我們在感官上面就不會只有黑與白。我們一遇到問題常常先問對與不對、是或不是，就會產生執著，失去了人性的、所有關係的層次、感性與彈性。

有經驗，常常會撿到很好的樹枝，撿回來再給他小刀片讓他慢慢鋸，把帳篷的三個角鋸出來。

對一般人來說很簡單做的「樹枝小盆栽」，我帶著這一群老人家花了超過三個小時的時間才完成，我幫他們把樹枝綁好以後，再請他們把植物種進去。上了年紀了以後，慢慢地我們各方面都會退化，做「樹枝小盆栽」可以重新熟悉手指的靈活度以及眼睛的搜尋能力。一個扭開糖果紙的簡單動作，我給了包覆草紙的魔帶鐵絲，讓他們把樹枝綁成三角形，他們要很有耐心嘗試才做得到，你很難想像這麼簡單的事竟然做不到，很抱歉你有一天就會知道（笑）。

# 他只是一種提醒「過去的都過去了」

有一次上課我帶同學們去淨灘，順便檢一些雜木回來種植物。那天有一個同學很有趣，她撿了兩塊被燒過的木頭回來，雖然我們都不認得那是什麼木頭，但就木頭的表皮跟紋路，可以看得出來就算不是同根生的，也是同樣的木種，她很開心撿了一對寶回來，就開始在上頭種植物。

然而沒過多久，她看著這兩塊被燒過的木頭，越看就越想起她過去的生活，就像這兩塊木頭一樣，本來都是好木頭，卻在一夕之間燒得焦黑、一無所有……她開始哀哀戚戚得哭了起來。

她跟她先生以前是很有錢的地主建商，是在國外有房產的成功商人，然而因為一些原因導致生意失敗，她所擁有的一切就像她面前被燒過的木頭一樣，燒光光了。那時候她就知道，燒完了就燒完了，所有的光環都是假的，她咬著牙到醫院去給人做看護，到餐廳廚房去當廚工，一天睡不到三個小時，就這樣苦撐過來了，同學們看著現在的她，都無法想像她曾經有過這樣的經歷。因為，人都會把燒傷的地方遮住不被別人看見啊。然而，她真正的痛卻不在此處。

她說，同學們都覺得她撿了一對寶，就像別人看她跟她老公一樣，就算經歷過生意失敗也沒有分離，一定是一對模範夫妻，事實上，她的先生在他們最風光的時候有過二心。她一直都覺得很不堪、很不甘心啊，她覺得她的付出一直是比較多的那一方，她的先生並沒有那麼愛她，而就算經歷了生意失敗的淒苦生活，她也從來沒想過要離開他，可是她先生卻在他們好過的時候選擇

因為，我們的生命就是「經過」，我們要讓所有的苦難都「經過」啊。我們可以試著去種一些會經過的東西，不用強迫自己，只是一種提醒，提醒你「他已經過去了」。

漂流木作品：慈母心

輕忽她……看著她漸漸陷入了不堪的回憶中，我試著跟她說，就把植物種在木頭上被燒過的地方吧，把新的生命種上去。事實上，燒過的木頭會變得鬆脆，植物的根很容易扎進去，反而可以活得比較久一些，我請她試著去描繪她的兩塊木頭該怎麼設計。

因為，我們的生命就是「經過」，我們要讓所有的苦難都「經過」啊。我們可以試著去種一些會經過的東西，不用強迫自己，只是一種提醒，提醒你「他已經過去了」。

結果，她最後把兩塊木頭靠在一起做成了一道彎弧，像兩個人摟在一塊的沙發一樣，我看了以後心裡直ＯＳ「其實就很愛嘛！」她在木頭上種了一大把的百萬心，我就問她了，這一叢流瀉而下的「百萬心」代表什麼呢？她說，「我好希望他可以抱著我，讓我好好地哭一場。」

在她的木頭旁邊有一塊小小的、像飛起來的翅膀形狀的突起，我就請她也試著用文字說明一下她自己的作品，她就說了，她希望漂流木上的朵朵浪花，隨著如流水的「百萬心」流放曾埋在她心中的傷痛，給她一個全新的自己。我覺得這一段話真的太棒了，接著我就幫她的作品想到了一個名字「鸞鳳天光」，鸞跟鳳就是她跟她的先生，她依然很愛他，而他需要的是請求原諒跟被原諒，透過百萬心流瀉出了她的心聲。

以後我們都要常去淨灘，多撿一些垃圾、沒有用的東西回家，你也可以試著種植物上去，你要很認真地觀察，左看、右看、一直看，前後看、三百六十度轉著看，你覺得哪一個位置好就種下去，然後再跟我們分享你為什麼種在那裡，你會發現——你儼然也是一個生活哲學家呢。

# 我們也可以被迫勇敢

作為一個園藝老師，我常常覺得是一種福報，來上課的同學都是帶著禮物來的，我用小小的園藝知識跟同學換得了更多的人生大智慧。有一班的同學至今讓我印象很深刻，班上大多數人分別自於不同的農場、莊園，是一直跟先生胼手胝足一起打拚的正宮太座，卻溫柔體貼地像似「小老婆」，我都叫這班「小老婆班」。

**她們每一個人跟先生的感情都非常好，為什麼我會知道呢？因為，她們很懂得請求協助。**我們在種盆栽的時候，這一班一開始就很熱鬧啊，只要一有哪裡不懂了，或是種不好了，她們每一個人都會「老師、老師」不停的召喚我，更有趣的是，她們還都會喊錯——「老公、老公」把老師喊成了老公，而且還不是只有一個人，也不是只喊錯一次而已，甚至發現喊錯的時候各個都眉開眼笑的，一臉幸福的樣子。

這些喊錯「老公」的太座們，一直以來都跟先生一起工作，她們都有一個共同點，就是她們深深信賴、依靠著伴侶——而「信任」正是夫妻關係中最重要的事。舉例來說，其中有一位是經營農場的年輕太太，她的先生是一個鬼才，在工作上的要求也很嚴謹，就算是對自己的太太也不例外，如果一個案子交給太座寫了，接下來就要太座嚴格的執行，如果效果不彰了也要請太座仔細檢討……但是她心甘情願啊。在工作上，先生的這種魄力深深地吸引她，她對先生是全然地信任。而在家庭中，她的先生也是全然支持她的，他們夫妻倆有一個不方便的孩子——兩夫妻都相信，不管他們賺再多的錢、有再了不起的才華，都無法支撐他們受傷的、辛苦的孩子，於是他們一起吃素、一起修行，一起面對生命的苦難。

「小老婆們」其實都是一群園藝的愛好者，不是什麼都不懂才來找我上課的喔，每一個人對組合盆栽的細緻、溫柔渾然天成，上課對她們來說像是一種舒壓，因為不想在家對先生、小孩發脾氣，加上學習一些園藝的技巧回到自己的農場也可以運用，因此每次上完課回到家都和顏悅色地，這是她們主動的選擇，**她們選擇讓自己的生活保持平衡的狀態，「找支援請求協助」是不是很值得我們每一個人學習？**

我再舉一個例子，有一天才剛上課沒多久，有一位太太就說種好了，就急著要離開，雖然她一直都種得又快、又好，我還是問她了，怎麼不多想一下，多一點創作呢？她就說了，因為先生今天去了南部，所以她要趕緊到南部去找他——去當「慰安婦」！所有的人聽到都嚇一跳啊，她就笑著說，平常兩夫妻忙工作、忙小孩，生活得很嚴肅，難得兩夫妻有機會單獨出門，所以她要去找她老公享受這難得的「約會」啦。這不就是一種美好關係的「營造」嗎？

我深深地了解到——如果你沒看過美好，你不會知道什麼叫做美好。而你不會想要去改變，正是因為你沒看過美好。所以我們每一個人遇到了痛苦的事情，我們要去找一個經歷過的人，或是過得比我們好的人，請他跟我們分享一下，這個苦要怎麼樣才能度過呢？我一直都認為，這個

相框

這一群豪放的、勇敢的，知道怎麼過好日子的跟知道怎麼「治老公」的女人，就開始幫她想辦法，各式各樣的計謀你一言我一語的紛紛為她打氣，我們試著鼓勵她去做一件她數十年來不曾做過的事——「反抗」。

「小老婆班」的出現是為了其中一個深陷在苦痛中的人。她就是跟其他人很不一樣，剛開始講話都很小聲，也表現出很膽小的樣子。幾次上課以後發現，她常常上課中會緊張、會胃痛，後來她就跟我們說，因為她每一天都睡不好，來到這一堂課她才可以比較放鬆。然而，有一天上一堂課是「相框」，**她看著桌上的相框跟手上的鐵網，突然就崩潰大哭了起來，「我是不是該把自己種進去算了！」她哭著說**。

她的先生曾經是擁有一家醫院的成功醫師，後來一次中風倒下後就不良於行在家休養，醫院也因此收起來了，現在靠著她開一家小店維持家計。然而生病的先生每天晚上都在折磨全家人，癱瘓了的他充滿了怨恨跟憤怒，半夜把電視機開到最大聲，三不五時就把妻子叫到床前大聲斥喝、找一些無中生有的事情歸罪於她。然而她不能離開他，離開他了她就是忘恩負義、無情無義、十惡不赦……一樣的人，她的先生對她來說就是框住她人生的「框」跟「鐵網」，她說，所有發生的事情就像那一張鐵網，那個家就像那個框，她不願意種任何花在上頭，因為她一點都不快樂。

**她實在哭得太厲害了，我們所有人都慌了，我就跟她說，好了我們不要框了。我教她把框拿掉，拿一根樹枝插進去，就可以破框而出另找生路了**，但是她一直跟我說「不可能的」，她不可能離婚的，這時候，我就知道了，她先生生病了這一件事只是她痛苦的表面而已，她心底深處還埋藏了另一個苦痛。

「小老婆班」真的很可愛、很溫暖啊，所有的同學聽完她的故事都憐惜她、抱著她、陪她哭，哭完了、擦乾眼淚，這一群豪放的、勇敢的，知道怎麼過好日子的跟知道怎麼「治老公」的女人，就開始幫她想辦法，各式各樣的計謀你一言我一語的紛紛為她打氣，我們試著鼓勵她去做一件她數十年來不曾做過的事——「反抗」。

「勇敢」有時候需要「強迫」一下才會跑出來，我們可能被迫膽小，但是我們也可以被迫勇敢，我把一支象徵破框的樹枝鎖進了她的相框裡，以後她看到這一枝樹枝就會提醒她——要逃開。樹枝會跑出來，植物會向著陽光生長，擦乾眼淚的她不會在一夕之間就勇敢了，但是她從那一刻起願意開始試試看了。

# 無形的挑戰

「明知不可為而為之」是我們常常都會做的事，因為我們的自我有時候會膨脹得很大。有些人會問我，他的多肉組合明明種得很漂亮，為什麼兩天就死掉了？因為他在冬天的時候非要挑夏天的品種來種，夏天的時候又挑冬天的品種來種，怎麼不會死掉？也有一些人會來問我，他的技術明明很好，種出來的多肉組合盆栽還比老師種的漂亮，為什麼他就當不了名師、當不了創作者，也沒有學生來找他上課？因為，只是一味地彰顯自己的技術跟美學，別人只會覺得那跟我有什麼關係呢？

「美」這個東西真的與他人無關，比如說杜甫寫的〈春望〉，「感時花濺淚，恨別鳥驚心。」可是同一時節來了個李白，他寫〈詠春詩〉，「芳草換野色，飛蘿搖春煙。」同樣寫春天，一個人哀哀戚戚，另一個人神采飛揚。所以美這個東西是一種感受，與他人無關，你的美要有包容性、要宏寬，自然就能吸引其他人與你產生共鳴了。

達賴喇嘛說過一件事情，他說即便你沒有辦法為這個世界做什麼，但也請你不要傷害這個世界——這是慈悲的胸懷。多肉植物真得好可愛，他會引起你的一個慈悲的念頭，**如果你過於執著於你多肉組合的完美形態，在過程中我們就會看到，你會不顧是否造成過多的損傷、毀壞**，我們會看到很多被你摧殘的、遺棄的多肉植物，我也看到了，那最後的成品美感是一流啊，但是折損

温柔的手

獨樹一格

率實在太高了，這時候我會替你覺得可惜，因為你該挑戰的不是我，你該挑戰的是你自己啊。

我們在學習多肉組合的時候會學得很多武器，那些武器是拿來挑戰自己的，你會回到你的職場，你會回到你的生活，這些武器教會你強韌的面對，讓你的心變壯——心強壯了，手就柔軟了，你的語氣就變得寬宏了，讓你回到你的世界好好地自處以及跟別人相處，一切是不是就美好起來了。

其實，我也意識到了「挑戰」這一件事是需要練習的。當我們嘗試過多肉植物可以種植在各種地方的各種可能了以後，我也想挑戰一下同學們，**題目是「無形」，如果同學們只有一個網子，沒有任何支撐點，你的多肉植物會從哪裡長出來？**一開始同學們都一頭霧水啊，於是我接著說，例如羅馬簾的鍊子上可不可以？同學們就說了，不行，他還得開窗戶。這其實只是一種比喻，我請他們自己回去想一想，什麼東西是他們覺得最困難、最無立足之地的，我們一起來挑戰種在上面看看。結果，有一位同學就拿了一條長長的電話線來了。

我說電話線太容易了，同學不相信。事實上，網子可不可以固定在一條線上，當然可以呀，我請同學把網子慢慢地打開，然後纏在那一條電線上，那可能要纏一個小時，但是這不是不可能的事。首先，我們要把「線」變成一個「面」，這樣你就找到一個立足之地了，所以一條線很孤獨，你要讓他「團聚」，你要去替他找伴，你可不可以再去找十條電話線來？或者你只有一條電話線也沒關係，你可不可以把他彎曲折疊，再用網子密密實實地綁住？所以，是我們自己先去設定了那個困難，自己先覺得不可能、會失敗。然而，在種組合盆栽上的失敗有什麼關係，我們試著「挑戰」看看真的沒有關係。

其他同學覺得有趣啊，就問他為什麼會選電話線，他也是一位有智慧的人，他就說了，平常他有話都說不太出來，但是透過電話他比較講得出口了，所以他要表達的是他的辭不達意。我常常會讓同學把植物當成是生命中的人、事、物去做，當你損傷了植物對你的生活沒有太大傷害，但是當你損傷了你身邊的人、事、物，那個傷害是影響很大的。所以啊，學習多肉植物組合是不是就像是老天爺給我們的禮物？

# 有形的圍牆

我好喜歡帶同學們去撿東西，一想到就覺得很開心。在新竹有一個很有趣的地方叫玻工館，旁邊有一個麗池，周圍有很多小小的圍牆，附近的居民經常會在小門沒有開的時候，偷偷爬那個小圍牆。有一天我就想到我們這些都市人，很難得會去爬牆或爬什麼東西，我就跟同學們說，今天我們要去公園撿一些枯枝雜木做裝飾品，所以——我們先爬牆吧！其實大部分同學都是守規矩的跟乖巧的，剛好一位住附近的阿姨經過我們旁邊，也跟著鼓吹說：「你們一群人幹嘛繞一大圈，爬過去就好啦。」所以，同學們就真的爬了，很多同學是生平第一次爬牆，每一個人爬過去以後都直呼「好爽快」。我就想著，今天好多人都翻過了人生的第一道圍牆。

玻工館附近有很多的百年老樹，地上常常會有雜枝掉下來，我們只是撿地上的樹枝，公園裡面的花木是不可以攀折的喔。在湖邊還有很多小小的日式小涼亭，有一些玻璃藝術家或木雕藝術家會駐點在那裡，其中有幾位我熟識的老師還會幫我們撈湖面的樹枝，甚至還把電鋸拿出來說，這個鋸一鋸就好了，跟我們一起享受在玻工館裡撿樹枝的樂趣。除此之外，公園裡面還有很多松樹，我們也常常可以撿到一些毬果或是掉落下來的樟樹皮，是充滿趣味的尋寶遊戲。

**這一天，我們撿到了一支五十公分長，三叉型的樹枝，長得像瑪莎拉蒂的標誌。同學們都覺得他很漂亮，但是要種在哪裡呢，樹枝光溜溜地，大家圍著他看了半天沒有結論，**我就說了，沒關係的，可以找得出辦法的，像是三叉上有結點的地方把裝置放上去就可以種了，就算現在種不

披星戴月：平步青雲
（此作品為祝賀高昇、重責的賀禮）

起來，也可以回家繼續種啊，同學們就說，「說的這麼容易，聽你在唱歌啦，不然請老師來示範好了。」我笑著說，好啊，我來種給大家看。

**我先找了一個可以牢靠的地方把網子纏好、縫好，縫完了以後才發現，這一支三叉讓他「站」也不是，「掛」也不是，「拿」也不是，然後我又再一想，他的長度跟我的手臂差不多，所以我一手握著他，另一邊就用肩膀頂住，結果就變成了拉小提琴的姿勢了。**我就這樣把處理好的多肉植物用一隻手，一棵、一棵往我肩膀上種。所以，我沒有「唱歌」給大家聽，我是「拉琴」給大家看了。

很多人會問我，怎麼能做到這樣？我都會說，因為我想做啊。我就是抱著不害怕、試試看的心情，如果我做不到，我會說很抱歉我也做不到，沒有什麼了不起的啊，沒想到他變成了我一個突破的過程，看在所有同學的眼裡就像一場享宴。後來，其他同學就忍不住了，「我也想試試看」「換我試試看」，太棒了，這是我們一起的練習，我們一起完成他。然而，他最後做出來好不好看呢？老實說，因為太難種了，在沒有支力點的情況下，能種上去就已經很了不起了。

## 我的名字

我曾經做過一個作品叫作「喝醉的羊男」，這個作品是跟一位蝶谷巴特的藝術家一起合作的，我在他的畫上種上了多肉植物，並且找了一塊木頭種成了羊男的頭，然後再加上一支酒瓶，就成了〈喝醉的羊男〉有一點像是聯合創作的展覽概念。做好了以後我並沒有替這一個作品加上文字解說，也沒有標註我的名字，就這樣讓他擺在展覽場中，我想著，就給觀眾自由地想像與解讀吧。

有一天來了一個很特別的觀眾，他站在我的作品面前看了很久，剛好那一天我也在現場，所以我就站在他身後不遠的地方觀察他，突然他轉頭看到我就問了，這個東西是真的嗎？我就說是真的，他又問我怎麼知道的，我就說因為那是我做的，他不相信又問，「你叫什麼名字」，「許琬婷」我很坦白跟他說，他再回頭看了看我的作品說，「那上面又沒有你的名字，你騙我？」我強調說那真的是我做的，開始跟他解釋我的作品。後來他很嚴肅地看著我，又再問一次我的名字，於是我又再告訴他一次，他聽完突然就跑到大廳大聲喊著「這個人叫許琬婷」、「他種了一個很有趣的東西」、「大家快來看喔」……連續喊了三次，嚇壞了在博物館參觀的所有人。

**在那個當下我其實超感動的，他真的從這個作品中感受到了「有趣」，而且他很大聲地喊了我的名字三次，我從來沒有因為聽見自己的名字如此震撼過。**任何一個人如果有跟我一樣的經歷，一定會跟我一樣激動地久久無法平復。

他的反映是他真實的感受「我要感覺」，每一個人走進博物館都可以好好地「感覺」一下。我們參觀博物館有時候就是像散步一樣的走過去，其實我們不用特地選一幅畫、或雕塑，或任何一種作品，你就直接走向他，站在他前面三分鐘的時間，那個作品會跟你說話，你會跟那幅作品的作者間接有了連結，這就是「藝術的力量」。

喝醉的羊男

我們參觀博物館有時候就是像散步一樣的走過去，其實我們不用特地選一幅畫、或雕塑，或任何一種作品，你就直接走向他，站在他前面三分鐘的時間，那個作品會跟你說話，你會跟那幅作品的作者間接的有了連結，這就是「藝術的力量」。

# 我絕對不會給你跟別人一樣的

「如果你給我的跟你給別人的一樣，那我就不要了」三毛的這一段話，感覺特別地驕傲，有一股傲氣，然而這一句話不論是放在愛情裡或是工作裡，放在人生中任何時刻、或者不同人身上，好像都可以套用。當我發現多肉植物的生命可以無所不在，他不需要依附在固定形式中才可以生長，他強韌的生命力讓我們可以盡情創作，生命可以用各種方式展現力道，因此我就開了一門課「我絕對不會給你跟別人一樣的」，一門沒有樣本的課，而出乎我的意料，這一堂課來了好多人。

同學一來就問我，老師要教大家種什麼呢？我說我也不知道，不如大家先各自挑出自己喜歡的好了。所以，挑選植物就變成了我們這一堂課的第一關考驗，我根本無法想像，從每一個人的喜好到他想完成的模樣，會有多少種多肉植物的組合，再加上，我可是拿了兩百多盆的多肉植物到現場。

**兩百多盆的植物你要如何挑選？有些人會跟我說「我挑不到」、「這些植物有什麼不一樣的」、「每一盆都好普通啊」……事實上，做多肉植物的組合大多數時候我不會找來罕見的品種，因為他照顧起來比較不容易，以及他很多還未馴化，違反了我們「長存」的原則**，所以我很少選用罕見的品種作多肉植物組合。然而，就算現場有十株都叫作黃麗的多肉植物，難道他們就長得一模一樣了嗎？事實上，他們中有的長得高一點，有的長得矮一點，有的長的歪一點……不是嗎？

原來所謂的「不一樣」是這樣的喔，有一位同學就說「我以為『名貴的』就是不一樣的」。我聽了就回說，「現場的多肉植物也可以種出你想要的『名貴』，這就要靠你的眼光來挑了喔」，於是「這一株沒有少一葉」、「這一株的面向好不好」……這一位同學就開始很認真地挑。我一時心血來潮就問了，同學有沒有男朋友啊？同學就回說，沒有啊，一直找不到。我就說了，「你就像三毛一樣，跟別人一樣的你不要，你要挑到一個你心中最特別的。事實上，你放下了自己設下的種種條件，你才能夠得到全然的愛——打開你的心，不要用外在的價值框限，你才能真正看見一個人的本質，那才真正值得你的認真。」

這位同學聽完不說話了，就自顧自地蹲在一大片植物旁邊挑，看著她的倔強背影，我以為她生氣了，然後**她突然說了「我今天只要選三朵就好」、「我要挑『最好的』三朵」**。老實說，她以前可能有無數的條件設限，但是她今天告訴自己「我只要挑三朵『最好的』」，我對她的轉念還是感到無比驚訝啊，她精挑細選的、不肯將就的、細心的她做出來的組合盆栽，那品味真是好啊。

有的同學可以挑了一兩個小時還挑不出來，眼看課程就要結束了，我只好限制時間啦。每一個人都會在如何呈現上「膠著」，然而老天爺是很公平的，時間一分一秒的流逝，每一個人都是，不會特別為誰慢一點，這個世界你要怎樣過日子沒有人可以干涉你，然而我們還是需要掌控一下時間，你需要幾朵，下好離手。大部分的人意識得到這一點，他意識得到下一段必須去完成的任

世間本來就很多東西，你想要的你就要去爭取，然而會不會有人不敢爭取，不敢爭取的人就要吃虧了。所以這也是一種人性的、社交的考驗。我們可以看到每一個人的個性，我們不可以去評斷誰拿的多、誰拿的少，也不能說誰拿的多就貪，拿的多的並沒有違反規則，你沒有拿到並不是別人害你的喔。

務，因為他想要有一個成果或結果，但還是有一些人會以為自己「還有時間」。

這時，我會降低你的焦慮。你喜歡「黑王子」嗎？你不會挑嗎？你說對啊，但是你喜歡黑王子。我就會問啊，那你想要用「黑王子」做成什麼樣子呢？你說了，想做成花束的樣子，送給六月畢業季即將畢業的孩子。我說太好了啊，你有了對象，也有想完成的樣貌，那我就可以教你怎麼挑了。一株植物如果打得很開、很平又大朵是很漂亮的，但是這樣的植物比較適合種在盆子裡，如果有很寬敞的地，他會很漂亮，若是要種成花束就不適合了，**因為花束是傾斜的，需要讓位置給其他植物，太大朵就不好拿捏了，所以你選的黑王子不要太盛開，葉子不要太平整，要選那些像花蕊一樣包起來的**。另外，「黑王子」顧名思義他的葉子黑黑綠綠的，他要經過太陽的照射，黑色素才會完全跑出來，你選的黑王子有綠、有黑，你要很黑嗎？或者，你覺得黑黑綠綠得也不錯？因為你的孩子是年輕人，你覺得有黑、有綠活潑一點，就像你青黃不接的孩子一樣，於是你最後做出了你想要的選擇。

## 我給你一樣的到底有什麼意思

當我把兩百多盆的多肉植物擺出來，你想要的全部都可以給你，我也不會去均發他們，而是開放性地請同學們自由選用，因為世間本來就很多東西，你想要的你就要去爭取。然而會不會有人不敢爭取？不敢爭取的人就要吃虧了。所以這也是一種人性的、社交的考驗。我們可以看到每一個人的個性，我們不可以去評斷誰拿的多、誰拿的少，也不能說誰拿的多就貪，拿的多的並沒有違反規則，你沒有拿到並不是別人害你的喔。

就有這麼一個同學，一個年輕又漂亮的小姐，**她拿了好多漂亮的多肉植物，除了一般以單品來說，又黑、又大或又黃、又紅姿態曼妙的，或那脖子的莖伸得特別長的，甚至連「老欉」也就是姿態優美老成的，她通通都拿走了，不但下手又快又準，而且眼光、品味極好。**其他同學可能害羞、不善競爭啊，可能有些人還會生悶氣，就來跟我說有人把最漂亮的都拿走了，我就會跟同學說，她拿走的你有需要嗎？那你有需要為什麼不去跟她說呢？她拿走很多她也種不了全部啊，你為什麼不去跟她溝通看看呢？

到了第二堂課的時候，她又瘋狂地拿走所有漂亮的多肉植物，全班數十雙眼睛就這樣看著她拿，她也不畏懼他人的眼光。你問我為什麼不出聲，我覺得沒什麼不可以的啊，我覺得她特別勇敢呢，對我來說每一位同學都是好的，事實上我帶來多肉植物的時候，我也沒想再把他們帶回家，所以誰拿走對我來說沒有什麼不同。這時一位同學終於按耐不住行動了，走了過去跟她說，「同學啊，妳這一株很適合我的這一盆，可以給我嗎？」她就說了，「拿去啊，我都覺得好奇怪，你們怎麼都不拿？」

「是我們不拿?!」全班一聽都驚慌了，「我們怎麼知道，我們想著妳需要啊。」同學們說；「我想著你們不需要，我才拿的啊。」她回說。所以，你以為她在跟你競爭，事實上她無意害他人損失，後來班上的氣氛馬上就改變了，大家開始熱絡地交流，隨時都可以聽到有人說，「你的那株要不要用，不要給我吧」、「你的那株分給我吧」、「你算了，你不要種這一株啦」……氛圍超好的。

你身邊有感覺很強勢的人嗎？仔細回想一下你的同事，或你的家人，有沒有跟這一位年輕的小姐很像的，他們先拿了好東西、想要的東西，就代表他們不會分享給他人嗎？你有開口要過嗎？在溝通之前，你是否就先扣了一個「強勢」的帽子給他們了呢？後來，這一位小姐發覺到了，全班同學對她異樣的眼光，她來問我原由，所以我就告訴她了，聽完以後她就跟我說，「下一堂課我先拿八個就好了」。然後下一次上課她就提早跟全班同學預告，「我跟你們說呦，我看到喜歡的就會先拿到我桌上，但我沒有要全部獨占的意思喔」、「我很愛你們的，或者今天我讓你們先挑好不好？」

後來同學就問了，為什麼我不固定、每一個人發一樣的教材就好了？我就說了，老天爺讓你一出生就不公平，你怎麼不問老天爺，為什麼不給大家一樣的？就算給了一樣的，結果也不會一樣，所以我給你一樣的到底有什麼意思？

## 【合】

我們這麼小的力量，很難駕馭天地存在的規則，所以我們學習如何在限制下、規則當中，找到你漂亮的姿態，顯現你想要彰顯的模樣。我常常跟同學說，種三棵就好了——天、人、地三界各種一棵，不用想太多，挑自己喜歡的就好，然後仔細觀看他，看天上要掉下什麼？

# 天、人、地

我要介紹一個作設計的有趣東西叫「龜甲網」。龜甲網顧名思義就是像龜殼一樣，他本身有六個角，我是用鐵絲將他摺疊、編織成一個立體的「鑽石裝置」，裡頭的3D空間變成一個小世界，我稱他作「鑽石鑲植法」。

表面上看起來他只是一個網子把植物含住而已，但一般人無法理解為什麼我種上去的植物可以如此立體。因為這是一顆三百六十度的鑽石，底部是「地」，大地不會動的；從水平之上三百六十度都必須要有，這裡頭是設計好的，「地」是第一層，「地上」是第二層，然後到「天上」。所謂的天、人、地，我都設計在這裡頭。

**「俯視」是從天上看下來，第二層就是我們「人」。通常我在種的時候，從天而降的第一棵代表神的旨意來了，像老天爺的安排，一定先下第一棵在正中間，神的安排很多啊，也許神給你三棵、四棵、五棵……祂給你很多棵，也可能給你一大棵，然後其他小小棵，你中了樂透，或者有一天你嫁了個好老公……神的安排一一出現了，接下來我們能做的就是「盡『人事』聽天命」。**

生命本身就是一顆鑽石，他得立體起來，存在方圓之間，他有多種角度且應該要發亮。而第二層「人」這一塊不一定要種滿，他可以變形讓植物跑出來，空出的空間我就把他壓下去，就像鑲上去一樣展現了立體的姿態。

如果你看到的只是一片網子，怎麼看都是一塊地也沒關係，你還是可以種你的莊稼的，即便你的網子不是鑽石的架構，慢慢地你會發現，在越靠近「地」的地方越難種，你必須臣服、貼進去。

我體悟到「我必須臣服於生命」，對於深受自然恩惠的我，臣服於生命只有一個方法，那就是「貼近土地」。我近年常常到台北市農會去輔導青年農民品牌建立的技能，或是提升休閒農業的精緻發展。我把標竿青農輔導師這份工作看作一個使命感，老「天」的旨意我接受了，然後我盡一「人」之力，努力去做我該做的所有事情，我的生命熱力全開，我陪伴土地的守護者，看見他們的成長與新氣象，讓我感受到全然的、完整的喜悅，這不是任何物質可以換來的滿足感，所以在天地裡我臣服「生命」了。

有些人在一開始就面臨了老天爺給他的艱鉅任務，所以他在生活上、在「人」的這一層就被擠壓，沒有什麼選擇跟空間，他就會痛苦。**這時候，我們就要選擇小一點的植物，就像他把自己縮小一點，或者換一個角度植入，他就找到了自己的生存以及發展出去的空間。雖然空間狀似很小，但是「根」自己會找活路。**在生的過程中，一連串的發生都是微妙的牽連與變化、很微妙的空間。生活中本來就是一些大大小小的瑣事，需要人去做安排。

剛開始很多園藝的前輩們問我，這是什麼？這是不是像給花莖穿針——設計植物的姿態，花藝會用鐵絲刺穿他的莖，刺穿以後對折，就像刺穿你的喉嚨後壓下，幫你造了一個新的骨幹可以彎腰、擺頭……所以聚合他的時候就有了新的方向，這是一個外力的支撐。然而花藝讓我們學習

臣服的喜悅

我體悟到「我必須臣服於生命」，對於深受自然恩惠的我，
臣服於生命只有一個方法，那就是「貼近土地」。

在一個外力的支撐下形成一個新的風貌，也有其深意及內涵。

只是，我們學的是園藝，我們不希望植物受傷，我們是以「長存」為目的，這個「鑽石鑲植法」可以提供我們選擇存在的方式，我們也可以在轉換面向的同時，保有完全的自我。因此，我們的組合盆栽可以在畫板上、在牆壁上，在平滑的玻璃表面上……聚合地、立體地生長，他象徵了「無所不在的生命」。

# 我不相信困難，我相信的是你

從編織網子開始，我們學做一個植物的家，而「家」必須要鑽石級的——必須具備天、人、地三層次。很多人的第一層（天）常常不見了，難道兩層就種不漂亮了嗎？事實也是這樣的，一顆鑽石的結構有一定的規則，就像宇宙中還是存在一些法則，遵循了他才能夠完整。

也有很多人在編網子的時候發現，第二層（人）消失了——其實是破掉了。我們作「壁植」都需要立起來，需要「頂天立地」，第二層破了，形成一個漏洞，你就掉下去了，掉進地獄裡了（笑），我們「人」掉到地上會受傷，植物掉到地上也會受傷啊。

或有些人的第三層不見了，那就表示他有第一、二層嗎？不是的，那表示網子又破了，表示他無法臣服，他沒有辦法安全地貼近地面，而貼不了地的同時也是「假臣服」，經常看到逆天而行的情況，根竟然往「天」去了，倒插了，所以植物一鑲植上去立馬掉下來。

**我們這麼小的力量，很難駕馭天地存在的規則，所以我們學習如何在限制下、規則當中，找到你漂亮的姿態，顯現你想要彰顯的模樣。我常常跟同學說，種三棵就好了——天、人、地三界各種一棵，不用想太多，挑自己喜歡的就好，然後仔細觀看他，看天上要掉下什麼？**

當我們小心翼翼地面對生命的完整，就開始嚴肅起來了。你想要完整他就必須嚴肅地去看待

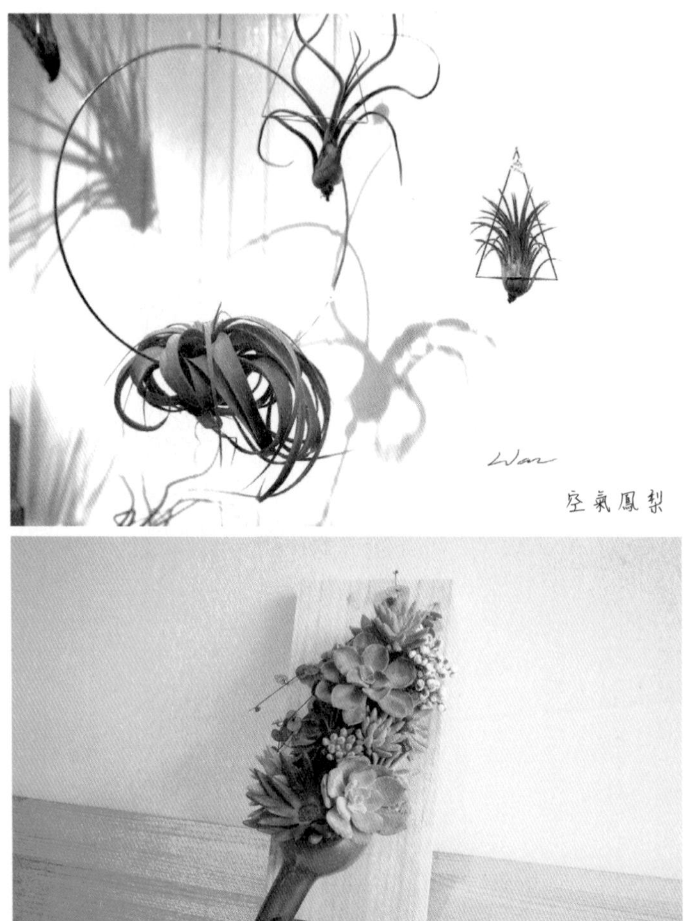


空氣鳳梨

所有的創意與發想都沒有很困難，大部分人是先想像了困難。你先想像了困難，你也相信了困難，而我不相信——我相信的是你喔。植物給了我很正向的能量，所以我很相信你喔。

他，尤其施作的時候急不得，當你的第一棵種下去了，幾乎就沒有其他的位置，除了平心靜氣之外，你沒有其他方法，要從天地人之間找出對的、更多的空間去安置你的植物，沒有平和與平衡是做不到的。

**一般人看到我的成品，會覺得好美啊，稍微看一下原來「只是」架了一個網子啊，但他實際做了以後，會發現自己做的東西裡頭找不到清、淨、幽，理不出三界的層次，裡頭只是聚合了數株的生命而已。這時候就是我們練習靜心——平心靜氣的時候。**

「瓶心靜氣」也是我設計的一個引導教案，是從我「酒肉穿腸」這個作品來的，來自「道法自然」也就是自然界給我的一些想法，我自己也在其中汲取，並一天一天強壯起來，自然地把一些想法付諸行動。

當年我想要遴選新竹市鐵道藝術村的駐村藝術家的資格，於是我開始去想像「天」「地」「人」，我是不是應該去連結當地的資源，我第一次去思考當地有什麼是我可以把他發揮出來的？我從新竹被稱為「玻璃之城」的角度出發，去思考是否可以將玻璃當作一個媒材，展現出我生命的力道？再從對環境友善的角度去思考，隨處可得的酒瓶似乎很適合？然後有一天，我在課堂上觀察到一個很安靜的學生，我想著他怎麼可以如此平靜地種他的多肉植物，好像外面世界所有發生的事情都不能動搖他，就在此時，我的心中出現了一句話「酒『肉』穿腸過，佛在心中坐」，「肉」指的就是我們的多肉植物，我看著那一位同學在我面前出現了佛的模樣。

我開心不已，拿起一支酒瓶走到教室門口隨興地一敲，就出現了完美的切口，而擊破酒瓶的聲音不小，那位同學甚至沒有抬起頭來看一眼，好淡定、好淡然。後來，我仔細端詳這支破碎的酒瓶頭，想著要怎麼要展現出「酒『肉』穿腸過」的樣子。我很喜歡種植綠雕，也很善於用植物雕塑呈現另一種型態，於是我就取了酒瓶的頭，將多肉植物們都當成酒瓶的身體，然後又去撿了一塊廢棄的木板，把酒瓶黏上去，就這樣完成了我的作品「酒『肉』穿腸」，我也以此取得了藝術家的資格。

所有的創意與發想都沒有很困難，大部分人是先想像了困難。你先想像了困難，你也相信了困難，而我不相信——我相信的是你喔。植物給了我很正向的能量，所以我很相信你喔。

**你試試看，選擇嘗試，嘗試靠近美好。一個瓶子轉呀、轉呀轉，左看右看，東邊西邊，好多植物給你選。我用試試看的心情黏好這一支酒瓶頭，架好網子——把植物的家安排好，穩穩地將安身立命之處釘好，然後你再試著去選擇、細細觀察跟這個酒瓶相合的植物，試試看能否雕塑出瓶身，一個下午的時間而已，我就做好「酒『肉』穿腸」了。**

不管你想做甚麼，你只要顧慮到天、地、人，不僅僅是為了你自己，他的好處會來的。我不是一開始就想著「好處」，也沒有想過我會不會落選，我不恐懼那些失敗，只想著——我要去做這一件事，這也是植物給我們的一種向陽的力量。我們要往美好的地方去，往有陽光、有營養的地方去，而不是一味地去恐懼。

# 你只看見了美好，你沒想到的是「長存」

我們眼睛長在最前面，我們要看到好的才願意做。大部分的人一來到課堂上學做盆栽，第一個認知就是漂亮，很正常啊，誰會特地來組一個醜醜的盆栽，一定會把「美」的意圖放在最前面，而為了種得漂亮，就沒有去想深一層的事，而這件事跟我們的「信念」有關。

「輕埋深種」這是我教授植物定植時，耳提面命的叮嚀，「根」種好了，植物才會挺立的漂亮。你在設計組合盆栽的時候，想把其中一棵的臉抬起來，於是你拿了兩顆石頭把他架住，結果讓他飄浮在空中，他的根完全沒有入土，入土為安啊，這樣他要怎麼活下去？不是只有你才會這樣做喔，我看過太多了。

**「輕埋深種」就是輕輕地拿起來，然後找到一個他能夠依偎的地方，樹穴挖好，把根埋好，土覆蓋好。「根」就是他的一個信念，他的根如果裸露了、受風吹了，他就很容易死亡。**所謂「輕埋深種」就像是你埋下一個信念，他就是你生活的一個信心，很多人就為了漂亮而忽略了信心，你根本不曉得這樣他會死——盆栽除了要種的漂亮，還要種的活。

其實，我們有很多的時候是在練習「埋好」，「埋好」是不是要有耐心？你要把信仰或你的信心像根一樣扎到土裡，很不容易的喔。植物要種的好、養護的好已經很不容易，再加上跟其他種在一起的植物交疊，會不會過分交錯？若盆裡還有一支水沉木，你的水沉木會不會占住「根」的位子？所以，種種的困難會來到你面前，開始消磨你的信心——你開始沒信心可以做得好了，你就會開始抱怨。

**「老師，都是因為他太短，所以我種不下去；我沒有埋好那個根，是因為他沒有脖子，下不去……」，你非要把他架高，然後說他「下不去」。所以，你選的這一棵是沒有辦法在你的組合盆栽「現形」的——他不能用，你得捨掉他，但是你卻選擇抱怨他，因為你「捨不得」。**

你選擇了抱怨。他好漂亮，可是他的脖子好短。你想要把他放在你的盆栽裡，卻因為他的莖太短，他的根下不去，你就讓他懸空……所以你的盆栽做不好，都是因為這一棵植物的關係。其實，所有東西都是你選的，這一棵植物也是你選的，事實上他不能做你的盆栽，你抱怨他沒有用，你是不是要另外找位置種他？你是不是要更改你的構圖？然而，多數人都不會大費周章地去更動身邊所有的事情，多數人選擇一味地抱怨——都是因為這一棵植物的莖太短了。

你為什麼不放棄，為什麼不更改？因為你捨不得。「他好漂亮喔！」你看見了他的美好，可是你卻沒有想到他得「長存」。所以，有些快樂是很短暫的。你因為捨不得，硬是將他的根裸露在外面，將來就是他要冒著死亡的風險。我們的人性就是這樣，當你的行為、處事的方式不是來自你「真正的信心」，你今天選擇忽視他，可是你心裡明明是知道後果的喔。所以，你人生中一切的磨練，以及那些明知道有危險的事，你就是會為了短暫的美好而選擇忽略，後來你才來抱怨。

愛之蔓

「一盆一世界」一花一草一木都是一世界，我們常常不相信自己有能力去跨越困難，所以一遇到困難就先抱怨，一遇到困難我們的信心就開始動搖。關鍵是，如果我們不先相信「來到我身邊的一切都是最好的」，那麼我們對這個世界、人生，還有對生命都不會有信心——因為，你永遠不覺得這是最好的，當你一直都覺得別人的更好，你就永遠得不到最好的。

我們來練習以家為例，你的家的過去、現在、或未來存在什麼樣的問題，他都是最好的。因為，這是你的家啊。既然你的家是最好的，你是不是應該好好地對待「家」，好好地陪著你的家面對困難，一起解決所有角色的關係——家中所有的成員各自有扮演的角色，每一個人都應該試著練習換位思考，你就會發現「家」真正的本質。

把根埋進土壤，「根」就代表自我的信心跟信仰。我們人活著會靠信仰，有的人是宗教，有的人是他的家庭教育，有的人靠他讀的書嘛，有的人靠他的朋友……每一個人得到信仰跟信心的方式不同，是什麼讓你堅信「來到你身邊都是最好的」，你找一找、找找看啊，每一個人一定都可以找到。

## 你試著看同一方向，「順應」就會跑出來

我們做組合盆栽的時候會借物象形，我們會用水沉木。水沉木看起來很像山的形狀，而山是一個障礙的象徵、暗示，所以要學習的是跨過這個障礙。心理學中有一個「三座山試驗」，研究結果顯示三歲小孩是有能力從他人角度看事情的，讓我們把三歲就有的能力喚醒吧。

我們先取一個長方盆器，配置一個水沉木，同學可以將水沉木放在長方盆器中的任何位置，首先要先去觀察水沉木的樣貌。有人會說他的水沉木像老鷹，有人說像一個老翁在釣魚……各式各樣的幻想與投射，在觀察的時候，大腦就會實像化，更有些會情緒化，投射了內心的困難，或創建他看到的象形——就像文字裡面的象形一樣。

**水沉木就像是暗示了你盆栽中的阻礙，你會怎麼擺？把他插進土裡？要用斜四十五度角還是十五度角插進去？還是要跨過盆器放在外面？除此之外，你還要思考在什麼位置種上你的多肉植物，這就是學習讓生命經過，施行一條線的連貫練習了——這一條線代表你跨越了你的障礙，多肉植物就是每一個發生的接點，你會理解到，每一個人的阻礙都不同，你更會發現，每一個阻礙都是你親手「放進去」的。**

為什麼要強調阻礙是你放進去的呢？因為，你的注意力在每一個發生的接點上，你是重視他

的，甚至你是喜歡他的……而你的注意力卻不是放在連貫的一條線上。所謂困難就是你重視的事情，而你逃避的往往就是你需要的。所以，今天我們來練習製造困難吧，我們用組合盆栽練習，你不會覺得很痛苦。

我通常會帶一大袋的水沉木到課堂上，因為每個人會拿的都很不一樣，我盡量製造可以自由挑選的機會，課程可以設計成自由挑選的機會，也可以設計成沒有挑選的情況，而水沉木最有趣的地方，也在於每一根都長得千奇百怪。一般的木頭是有年輪的，一圈一圈地往外長，越長越胖，幾乎所有的植物都是這樣的，但是水沉木很不一樣，好像被扭曲一樣的外形，就像我們人的固執點一樣也千奇百怪。

你固執嗎？十個人有九個人都會說自己固執的，你是不是也像木頭一樣固執。但是，你能像水沉木那樣扭成各種姿態嗎？你不能的。當你看見本來很固執的東西，卻扭曲成各種樣貌的時候，彷彿就看到了自己，你是一個很注重細節的人，突然要你粗枝大葉地，你是不是辦不到？因為，那違背你的本質啊。所以，當你被扭曲的時候，困難是不是來了？

**我以水沉木去替代一種扭曲的現實以及扭曲的苦難，當我們不從的時候，所謂困難就展現出來了**。其實，我們最終都是學「順從」——不是忍耐，而是順從。你今天如果接受了你選擇的水沉木，他代表苦難、殘酷的現實面，本來就是如此，你順從了你的水沉木，你就接受了、你就是遇到不好的事情了，所以你需要的是——你得要改變你的思考方式了。

順應與跨越

漂流木

為什麼要強調阻礙是你放進去的呢？因為，你的注意力在每一個發生的接點上，你是重視他的，甚至你是喜歡他的……而注意力卻不是放在連貫的一條線上。所謂困難就是你重視的事情，而你逃避的往往就是你需要的。

你面前有一個長方型盆器，你把你的水沉木擺哪裡？有些人會輕輕地斜放在一邊，而有些人會擺在正中間，說明凡是苦難他都放在心上，不動如山地好沉重啊。有些人則會把他埋進土裡，只剩下好小、好小地冰山一角地露出，然後接下來要種多肉植物的時候，他就發現他完蛋了，因為種不下去，每一株都會被土下的木塊擋住。所以，你的困難不會是別人的，你的困難永遠是你的，你只有不斷地練習去面對他，改變你對困難的想法。

多肉植物的組合從選植物開始，你要找到你的焦點是什麼，很多人找不到「焦點」。有些人突顯的是「水沉木」也就是他的困難，有的人突顯的是更加惡劣的環境；有些人突顯了植物的強勢，有些人則突顯了他的和諧與順遂，也有一些人會突顯「美好」。**這是一個跨越的過程，我們會希望看到每一個人，都可以輕輕鬆鬆地，從水沉木的這一角跨到另一角，展現出和諧地線條與律動，在技術上來說，每一個人都可以做到，然而探究你的內心又是另一種層次，你可能要耐著性子才能跨過以及展現美好。**

所以，讓我們試著去表達你的多肉組合，如果你用上水沉木坎坷、又彎曲的弧度，是否就足以撐住你的多肉植物？還有些多肉植物的臉大、脖子細，呈現下垂的狀態，你是不是能就水沉木托住他，他就輕輕巧巧地依靠在上面了。或者，你的水沉木上有一個凹洞，你就可以試著把比較嬌嫩的放進去，形成保護的作用。簡而言之，在這一小方天地之中，試著把每一種樣貌的植物做不同的排列組合，過程中你需要試著看向同一個地方，那個「順應」就會跑出來了。

# 學習一段關係的結束

我們把植物養死了的時候，一定不會開心。首先，你不開心的是損及你的利益，因為你的植物死掉了，你得要再花錢去買。再來你會捨不得，你每天都看著他的，你與他之間有了感情，怎麼他默默地就走了。最後你可能會生氣——你如此周到地照顧他，他還死給你看，所以你會生氣。你會抱怨都是因為風太大了，或者有誰亂幫他澆水，或者氣賣植物給你的商家，這個黑心老闆賣給你的植物本身體質就不良……等等，就算你沒有說出來，你心裡一定也會這樣想。

我們人所有的發展行為都是為了延續，所有的發明也是延續，我們一切的念頭都在延續——包括你內心的思想。我們講靈魂不死，我們講質子不滅，我們講的東西都是延續。所以，當我們遇到「不延續」會有一種莫大的恐懼。

死了一株植物會很悲傷嗎？大部分人會說有點沮喪、有點挫折……事實上，我們可以學習到一段關係的結束。因為我們覺得所有東西都應該要「延續」，所以一開始就設定了延續的「念頭」，因為有了延續的念頭，所以才有「結束」的開始——簡單來說，我們要討論的就是一段關係的結束。例如，你即將從原生家庭搬出去了，你的獨立是不是一段關係的結束？**以植物來說，本來很多棵多肉植物長在一起，現在要分家了就要「切開」，那一刀痛不痛？那一刀又該怎麼下，才可**

我們人所有的發展行為都是為了延續，所有的發明也是延續，我們一切的念頭都在延續——包括你內心的思想。所以，當我們遇到「不延續」會有一種莫大的恐懼。

**以讓彼此不受傷，這件事很重要喔。**

**我們要把叢聚在一起的「母株」，用刀子割下一株株「子株」。首先，刀子要消毒，然後要找出「芽點」，如果不是找到芽點才切，你的植物就有可能會受傷，那受傷了就會傷口感染，感染了他就容易生病跟死亡。**

從多肉植物的子株跟母株的分離，譬喻你從原生家庭獨立出來——你要搬出家裡的時候，是平和的或你是抗爭來的？你父母受傷了嗎？或你就是父母，那你的孩子受傷了嗎？或者，還有很多的分離啊，男女朋友的分手，夫妻的離婚，朋友不往來了，從學校畢業了，從公司離職了……等，本來在一起的得要分開的時候，都是一段關係的結束，臨到點的時候，這個刀怎麼下？每個人都會要下那一刀。

當你的刀下在了正確的芽點上，他會再長出另外一個小芽，衍生一個新的關係，分開了以後各自安好。母株待在原本的盆子，母株要忍耐地等待身上被割下的皮膚再修復，以後再長出新的子株來。一般來說母株比較強壯，子株的體質比較弱，所以必須等待傷口乾了，他的細胞壁修復好了才能入土，細心觀察一段時間有沒有種穩，還能不能發根……等。

我們都在一段、一段的關係中，有的關係在分離的時候可以好好的，乾淨地、不受損地，甚至發展出更好的關係。可是有些人是不行的，他脫離一段關係之後是枯萎的、無力的，他是沒有信心的。

結束一段關係需要學習。你拿刀子切下去的那個點，好比是你選了什麼時候，有沒有好好講清楚，這件事很重要。再來就是，分開以後你要不要修復，所以修復期也需要學習——如何讓自己分開之後繼續茁壯。假設你跟男朋友分手了，你本來是男朋友載你上班，分手後能不能自己坐捷運上班？有些人就覺得痛苦、沒辦法，他就胡亂再找一個男朋友來接送他，那愛情變成了什麼，戀人的關係變成了接送的關係，有沒有聽過這種情況？太多了。

我們學習在盆栽種植的過程中不斷地練習修復，練習把根打深，我們對自己就會生出更多的信心了。然後我們就可以來學「以重馭輕」，重的東西，輕輕放下；輕的東西，穩重放下。在道盡生命的矛盾本質中，舉重若輕才是用心。

# 你家的陽台適合種什麼？

當我們搬到一個新地方，或是換一個工作場域的時候，是不是需要一段適應期？對植物來說也是一樣的，如果你貿然地把他從原本的生長環境移到另一個環境中，他會有很大的適應狀況產生，他對外界的感知能力，會強烈地表現出來。我們從花市買回來的植物、花卉，他可能是溫室照養的，他可能從高山來、從平地來，或是從國外高冷的地方來的，每一種、甚至每一株植物的來處可能都不同，那他們怎麼可能全部都可以適應「你家的陽台」呢？

所以「遷移」是有步驟的，我們不要急於去建立一段新的關係，這樣大家都會受傷。**植物受傷了的表現就是，他馬上就營養不良了，因為他來的地方陽光比較多、水比較少；或他馬上就燒焦了，因為他來的地方陽光比較少，而你家的陽台是西曬的；或者他是從高冷的國度來的，而台灣既潮濕又溫暖，所以他不到一個禮拜就死掉了……種種狀況都會很快地讓你看見，植物的適應不良是馬上「現」給你看的。**

所以，讓不同地方來的植物，在我們家陽台上都可以種得好，這是一個祕訣，很多人都想要知道。通常我會建議，你可以先詢問老闆他的出處。不過，不是每一個老闆都能夠清楚地知道他賣出的每一盆植物的出處，他可能是小盤商，那也沒關係的，你可以從科屬特徵上分辨，看他是比較粗壯的枝葉，還是比較柔嫩的，或他的葉子是不是比較薄……事實上你想要養好一盆植物，

棒狀虎尾蘭

規格品

規格品

有一定的園藝知識還是重要的，我相信多數人都是先買了再研究，我覺得沒什麼不可以的啊，養死了就得了一個經驗，有了經驗你就會知道你的陽台適合什麼植物了。

**不知道他來自於什麼樣的生長環境時，你可以摸一下他的土壤會不會很濕，你可以問老闆，他是露養的、還是溫室養的，**通常園藝店的老闆都是有經驗的，他會看土壤的狀態、植物的發育狀況去分辨。另外雜草很多的、有苔的多是露養的。「苔」是一個很大的指標，因為露養的多肉盆栽，經常會蓄積一些水在盆子裡，造成微小的苔跟多肉植物共生了，而他的土質也多半是多層次的，不會全部都是泥炭土。來自溫室的植物，是經過專業的栽培以良好的配方生產出來的，會希望長出來的植株都是規格品，所謂規格品就是長得都差不多，如果是露養的就會姿態不一。

**露養的多肉植物，可以放在你家中雨打得進來的地方，但是不要一開始就讓他淋在大雨中，灌進大量的雨水，他會受不了的，注意是雨水飄進來程度，**然後你要留心觀察他，發現他可以承受了，慢慢地隨著季節讓他多曬點太陽，你也別把他一下子就丟在七、八月時的那種豔陽下，就算是露養的也會曬傷的，然後再觀察一陣子，你就可以決定要不要全露養了。

**你買的若是溫室的規格品，一般來說就不建議你露養了，你要放在陽光適中的位置。**所謂「陽光適中」就是尋找最適合的位置，一天當中，植物都需要照光六個小時才有營養，陽光是植物養分的最大來源，如果能把你的植物放在朝南的方位，絕對是最棒的位置。如果家裡的陽台是朝東方或是北方，就觀察一下他會不會「徒長」，如果他徒長了，試著去找你家中陽光最多的地方，盡可能給他多一點日照，他可能來自於陽光刺激比較多的溫室，溫室也有分明暗的喔。如果你是住在大樓裡，就建議你買一些耐陰的植物了。

若你想要買一株植物放辦公室，你可以問老闆哪一種植物「耐陰」，所謂耐陰就是他受光較少仍可維持生命力，**若你還是不能決定，那你就可以找「較綠且硬葉」的那一種植物**，例如我們常看到的虎尾蘭或是十二之卷。「較綠」的植物代表他儲存葉綠素很多，也就是說他平常自己就很容易吃飽，因為葉綠素是植物進行光合作用的主要色素，很綠的植物本身就存很多營養素，所以在光源比較少的地方，他會緩慢地消耗他的能量，就比較不容易面黃肌瘦了。

再綠的植物偶爾也是需要陽光的。假設你在辦公室養了兩株百合科的十二之卷，我都會建議百合科可以養兩株，象徵雙雙對對、百年好合，你可以每隔一個禮拜帶其中一株回家去曬太陽，然後你的植物在你的辦公室裡，就可以一直保持長綠了。

# 你的三種人生表情會是什麼？

你的人生表情是什麼？這是一個很有趣的問題喔。我們見了多肉植物常常先「端詳」他們一番，**多肉植物的樣貌繁多，你是基於什麼樣的動機看到了你想要的那一株，這是不是一個有趣的思考？所以，我很喜歡讓同學「海選」跟「盲選」，「你就選三株就好，然後說出你的感覺」是我最常說的話**，你的感覺是喜歡的、討厭的……都沒有關係，只要產生出一種可以藉此表達的感知就好。

我常常會看到同學們選的植物呼應了自身內心所缺乏的，或是對植物投射了自我，對應了你人生的樣貌。然後我會問你，如果你面對人生時常常出現三種樣貌，你覺得是哪三種？這時候你會開始綜觀你的生活了。你問我，像是喜怒哀樂嗎？喜怒哀樂太扁平了，你人生的表情更有層次，像是「不斷地跳躍般的辛苦」，有動詞跟受詞，你的表情是生動的，然而你可能還是想像不出來，我就舉自己的例子來說好了，我的第一個人生表情通常是「沉思」。

我看到任何事情第一個念頭都是先想一想，我很少有不思考的時候，我經常地會陷入沉思裡頭，消化下來就有了接受的能力，然後再做決定。如果單憑直覺或是片面的眼見，我有可能一天到晚都在與現實的不滿衝突，所以我有很長的時間都在消化，接受身邊發生的一切。

我的第二個人生表情是「相信愛」。當我接受了一件事物的本質後，我就會相信一定有愛的

沉思

相信愛

努力

成分，你可能會問我，「相信愛」是什麼表情啊？我就會請你看著我，我會對你說「我相信你可以」，你就會看到我的「相信」跟「愛」了。「我相信」跟「我希望」很不一樣喔，「我希望」是永遠得不到的，因為希望這個東西是不真實的，你相信了才能更進一步行動，你要相信你有能量去達到，而這個能量就是「愛」。像我就「相信」我是一個好老師啊，我相信了我就會熱「愛」做一個好老師。當你相信就有了肯定的力量，那麼這就是事實了，而你也會感覺到，所以我的「相信」跟「愛」是在一起的。

我的第三個人生表情是「努力」。我很常露出努力的表情，我的努力表情有時候很嚴肅，有時候很幽默，有時候會哭，所以我才說喜怒哀樂是很扁平的選擇。

我從來就不說我最喜歡哪一種多肉植物，當我被問到這個問題的時候，我首先就沉思了，當別人對我提出了一個疑問，我會先反問我自己事實如何，然後才有結論。**我喜歡比較不需要我費心的，不需要很常澆水的，不那麼嬌貴的多肉植物，像是「黃麗」、「迷你火龍果」、「加州夕陽」都非常耐養，或是平時在超級市場也買得到，在別人的陽台上長長地垂著，能長得像瀑布一樣的「朧月」，我覺得他超棒的，你都不用管他就可以長成瀑布一樣。**像這一類強健的品種我很常用在多肉組合上，他很適合作為一種基本的支撐，所以當其他比較不耐養的植物都死了，我的「黃麗」、「朧月」、「迷你火龍果」都還活得好好的，基本上我不會一無所有，這就是我思考後，接受環境條件以後的選擇，我相信我的選擇。

我相信我選的植物會在家裡好好的等我，他自己會長得好好的，不勞我太費心。其實對於我的孩子們，我也是這樣相信著，我會讓他們在茁壯的過程能夠獨立一點，盡可能培養他們長大後有良好的信心面對人生，而「努力」對我來說就像是——睡覺的時候認真睡覺，吃飯的時候認真吃飯——活在當下而已。

## 我從來不做現在以外的事

什麼是「我從來不做現在以外的事情」？好比說，我在跟朋友、家人吃飯的時候，我不滑手機；我在山林裡遊玩的時候，我也不會跟別人聊八卦，我會專注在我的腳步、我的呼吸，享受空谷足音。或者在睡覺的時間，我就會安排平穩地睡一個好覺的方式，有時候我會跟全家人玩放鬆身體安眠遊戲：「來，現在四肢放鬆，深呼吸，吐氣，眼皮放鬆，眉頭放鬆，臉頰放鬆，胸口放鬆……」通常全身部位還講不到一半，全家人都已入睡了。**你可以偷看一下睡覺的植物，例如彩虹馬齒莧，他在夜晚的時候，花朵緊閉低垂，莖葉都呈現虛弱傾倒的樣子**，噓，他在睡覺喔，這一些都是可以自己創造的，需要行動力的，你有沒有努力融入在「當下」中？沒有人可以讓時間停下來的，時間一分一秒的過去，你有沒有努力都會一分一秒的過去，你「經過」時間的方式，沒有一刻會是可以白費的，你要懂得找方法。

美國國家公園之父約翰．謬爾（John Muir）說：「讓陽光灑在心上而非身上，溪流穿軀而過而非從旁流過。」

想一想，把他當作一種遊戲，你經常是用哪三種表情在過日子，你有哪三種面貌？不要想太多，三種最常出現的表情就好，這是一種檢視自我生活樣貌的練習。你也可以找一天到花市去逛一逛、選三種植物回家養，這是一種不用言語，陪伴自我的小方法，你可能現在有一件傷心的事，你就選了一株看起來像是在哭的植物，你覺得他好可憐，都沒有人要他，所以決定把他帶回家好好照顧，這時你也要想一想你是不是也很可憐，你心裡是否也在哭泣？因為你從來就沒有好好想過你自己啊，所以你在照顧這一株哭臉的植物時，也像在提醒著，不要忘記照顧你自己喔。

**每一個人選的植物都長得很不一樣，我選的植物就長得很有個性。有一次我拿一盆給別人看，是一盆小花犀角，他開的花魔幻又絢爛，所以又叫作魔星花，花朵的樣子像海星，也稱海星花。他開花的時候有些人會覺得奇臭無比，又稱臭肉花。友人看到他就驚為天人說「你的植物看起來好臭屁啊，根本就跟你一樣！」可是，我一點都不覺得我臭屁啊（笑）。**

你不需要對自己太嚴苛喔，有時候還是要適時地放過自己，我們都在為生命的圓滿與快樂找途徑、做努力，只在於我們對生命的了解有多少。照顧植物這個方法很輕鬆，不需要有壓力，然後你會發現，你下一次、下下一次選擇的植物會不一樣，你生活的面貌就越來越多元了。

小花犀角開花

小花犀角（我養的「臭屁」植物）

# 像一棵樹一樣站成永恆

有一首我很喜歡的詩寫到：「如果有來生，要做一棵樹，站成永恆。沒有悲歡的姿勢，一半在塵土裡安詳，一半在風裡飛揚；一半灑落蔭涼，一半沐浴陽光。非常沉默，非常驕傲。從不依靠，從不尋找。」我常常藉這樣的情境，去學習我在人類的世界裡站立的姿態。

我們人都有自我、自大的部分，我們會跟自然比、跟葉子比，「那隻小狗好像人喔」、「鸚鵡像人一樣在說話」……我們也會跟動物比，我們用自己的大腦、我們的情緒、我們的肢體語言去反應，然後套用在自然界、動物界的每一種生物上，然而植物是沒有大腦的，所以植物學家說，「你的『同情』很可笑啊。」

**我要跟你說一個偉大的祕密，科學家早已經驗證「植物是有感覺的」，植物有觸覺、有聽覺……他有五感，可是他沒有大腦，他最不需要的就是你的同情。**當植物的頂芽受到了傷害，他被摘除了、被剃頭了，植物就會往兩邊長，他受了傷害不會像我們人一樣有情緒，不會表現出「好苦、好痛苦喔～」，他不會萎靡不振，植物會改變自身的新陳代謝，然後他會發出一種信號告訴他兩側的枝葉「上面有危險喔」，然後他就先不往上長了，他就趕緊向二側生長了，他不需要任何的同情，他也沒辦法逃避，他會作立即的更正。

我們跟植物不一樣，我們有大腦、有情緒會影響我們的生理跟心理，所以我們的感知影響我們的行為。很多人會問我為什麼可以展現的這麼有生命力，因為我學習植物，我學習到他不帶情緒、不帶主觀的去面對環境的變化，他在感受到環境變化的同時不逃避，會想辦法做出立即的修正，而不是怨天尤人。

今天你被同情了，你的問題就解決了嗎？不會的，能夠解決問題的只有你自己。這就是植物對你說的話，你要練習幫助你自己，作天助自助者，而不是期盼別人替你解決問題，解開問題的根本必須是自我的轉變。

**所以，我不會說植物跟我很像，我會說我要向植物學習，我會說我跟植物很像**。地球上有這麼豐富的色彩，這麼多種類的生物，能夠造就這麼多樣性的世界，都要歸功於植物開花，我們何不向他學習——所以我常會說，我的人生要像一棵樹一樣站成永恆，所以我要使勁地讓我的根向下扎深，還要盤根錯節地扎得又大又寬，我上頭的枝葉自然盛開茂密，還可以給他人一片清涼的遮蔭。所以我只要確實把我的工作做好，我只要讓我自己直挺挺地站好就好了。

當你展開和自己內在的對話，你就會開始想，能以誰為典範？生命這條路只有靠自己，每個人都要獨自面對自己，「隨處作主，立地皆真」，不要害怕面對與過去不同的想法。陌生的事物有可能摧毀你過去堆疊的所有信心，這就是我們要挑戰的功課，學會不同的方式，在真理面前的信心會長根，此後的樹大根深，會讓你做自己的主人。

# 【美】

想像一下一塊布弄成像泥一樣，你可以拉扯、可以堆來堆去，或者像小時候捏黏土一樣，捏成你想要的形狀。我想要的是，以不改變本質為前提之下，又包容了其他的不同，該怎麼結合後有新生的樣貌？這很難耶，這也是我從植物身上學到的，我們可以改變、被改變，同時又不會泯滅我們的本質，這是不是一件很重要、很有趣的事？

POWERTEX ASIA LUCY HSU

# 突破

**我一直都相信「生命無所不在」，而我的創作也一直圍繞在「生命無所不在」的反思中，一直很努力的將多肉植物多元的樣貌，透過結合玻璃、木材、金屬……各式各樣的載器上，傳達跟開啟自我以及與他人、與世界的覺察與對話，然後我不禁要想，我還有什麼可以突破的呢？**幾年前，我在新竹市鐵道藝術村駐村的時候，深刻地領略到了工藝之美。這是一個藝術家創作的聚落，裡頭有木雕老師，有玻璃工藝老師，還有音樂家，各自都有突出的、不流俗的風格，駐村期間我已先與同學們一同創作、辦過展出，一直到了那一年年底藝術家們要舉辦聯展了，我就在想了，我要找什麼題目跟材料來突破呢？

後來我想到了，跟我們環境的循環回收再利用有關的這一件事。早年我曾經做過成衣的生意，看過大量的成衣滯銷造成像垃圾一樣被棄置的庫存的情況，想到就覺得很可惜。我再想像了一下，衣服的布料從哪裡來，一般人會想到的就是棉跟麻吧，而棉跟麻就是從樹跟植物中生出來的，是「樹」跟「植物」啊，我回到了他最初始的地方，這就是我想要拿來突破的媒材了，我這樣告訴自己，於是我結合工藝的概念，就開始把一些回收的衣物嘗試做「固化」。

工藝這一件事需要可以「承載」，他要能成為一個載體，所以我嘗試「固化」軟軟的布料，讓他變硬、又能像泥一樣可以隨意揉捏塑形，他還需要可以活得久一點，還需要防水，掌握了這幾個重點以後，我自己就開始研究、研發可行的方法，事實上是有一些化學的固化劑可以做到這些事的，但是我不願意使用化學的處理方式，我使用了很多天然的東西自己去調配劑料，雖然成功了，但是工序非常的繁複，效果也不是很好。但是，我沒有因此打退堂鼓喔，我又去查了很多資料，問了很多朋友，甚至請教了工研院的專家，他們告訴我，研發這條路要耗費太多金錢，市場也不足以支撐，於是建議我，往其他國家找吧，世界這麼大一定有人也想做這一件好玩的事。

**這一段嘗試的過程他就是「玩」，我真的就是想「玩」，想像一下一塊布弄成像泥一樣，你可以拉扯、可以堆來堆去，或者像小時候捏黏土一樣，捏成你想要的形狀。**有一些藝術家會在衣料中灌進水泥，然而水泥很硬、存在感很強烈，很難保留衣料原來的質感，我想要的則是，以不改變本質為前提之下，又包容了其他的不同，該怎麼結合後有新生的樣貌？這很難耶，這也是我從植物身上學到的，我們可以改變、被改變，同時又不會泯滅我們的本質，這是不是一件很重要、很有趣的事？

我後來花了超過一年的時間，才從比利時一位藝術家的手中，把 Powertex 這個我夢想中的劑料帶回台灣來，這個過程很煎熬、很掙扎，對我來說是開啟另一段生命歷程的大轉折，我想要跟讀者分享這一段我第一次隻身踏進歐洲，第一次去到比利時這個國家，在陌生的國度跟第一次見面的藝術家，誠惶誠恐地溝通跟交涉的生命故事。我永遠不會忘記那一天，我的內心很徬徨、很不安，我即將要賭上我的全部了，而我也完全不能確定沒有雄厚身家、背景的我，能不能得到這一位國際藝術家的青睞與信任，我走在布魯塞爾的街頭，心不在焉的胡亂逛著，不知道過了多久，我看到了聖米歇爾古都勒大教堂，想著既然來了就看一下吧，誰知走進教堂才一會兒，突然內心就升起一股敬畏的感覺。

我並不是教友，但是在那裡有一股莊嚴肅穆的氣氛震撼了我，所以我就緊握了雙手開始祈禱了。過去我常常會跟同學們說，當你敬畏天地的時候，你要趴下、你要臣服，你臣服了才能免於恐懼，在這一刻我感受到了敬畏，所以我讓自己臣服，於是我在這一座教堂中得到撫慰。我不是一個會去許願的人，我不需要任何人同情我，甚至我也不祈求神的憐憫，我就是這樣的一個驕傲的性格，這樣的人感覺到害怕的時候該怎麼辦？

**一直以來，都是植物在教育我。植物告訴我，趴下去吧，趴下去就對了，趴下去世界就會擁抱我、照顧我了。**這是第一次，我覺得沒有其他方法了，沒有其他力量了，我只能祈禱上天、把自己交給上天，祈禱老天爺幫幫忙。這一天，我學會了祈求。之後的每一年，我再到布魯塞爾去，我都會去一趟聖米歇爾古都勒大教堂，後來的我都是帶著純粹地感謝的心情，我再無所求了，一年又一年過去，我選擇的、接受的這一切依然安好，「感恩」是我唯一要做的回報。

植物是最強勢的、最傲慢的物種，他也是最謙卑的，他的根始終緊緊扎在土地裡，他無時無刻都展現出平和的姿態，所以我跟他學會了不再隨波逐流，我學會了隨遇而安，所以我們怎麼能不活得像一棵樹一樣呢，你說對不對？

聖米歇爾古都勒大教堂

# 人人是藝術家

一般人一講到藝術就覺得好困難啊，不要說畫畫了，你說你連捏黏土都不會，怎麼可能做雕塑？所以，我就想到了一個有趣的點子，我們來玩「認識自己」的遊戲好了，我找來了一張全白的紙面具，讓大家安置自己的臉，然後請大家找位置種上多肉植物。我把這個點子做成了一個計劃叫作「人人藝術家」，結合工作坊與展覽的形式，邀請七歲到七十歲的一般民眾自由參與，這個新媒材創作展覽率先得到了馬來西亞「東方人文藝術館」的邀請，進行為期二周的展覽。於是，我就在網路上公布了這項訊息，來了近百人參與，分作七個梯次，一共創作出百餘件的作品，最讓我感動不已的是，每一件作品背後都有一個故事，每一個故事都動人心弦不能被遺落。

就從一張全白的紙面具、剪幾件衣物跟幾株綠色的多肉植物開始，很多人都是被雕塑的樣貌吸引而來。**紙面具代表你的臉，你在日常生活的表情，一開始我就讓你把自己投入，找一個擺放的位置；再來就是你帶來的衣物，你什麼都不用想，隨意的剪裁、布置成你想要的形狀，圓的或方的都不要緊，想像你是一個小孩那樣隨意擺弄就行了；等到雕塑好，生命裝載之處自然會浮現了，最後就是種上多肉植物了，假設多肉植物代表你的生命之力，那麼你會如何用他妝點你的面貌，你要讓他長在什麼地方？**於是，每一件作品的生命故事就這樣一個接一個被創造出來了，紛紛展現了我原先的主題設定「人生」，這不就是藝術嗎？

有一個人帶了過世了媽媽的衣物來到工作坊，她把媽媽的衣物揑出了一道弧線，再用零碎的布料做成了蝴蝶飛舞的模樣，她想像媽媽化成了蝴蝶自由地在花園中飛舞，真是美麗啊，她用一座花園愉悅地記憶了媽媽，成為她的一種陪伴。有的人臨時起意就在現場脫下自己身上的衣服來做，有的人帶了貼身內衣來做，還有人剪了兩塊破布，連同面具也剪成了兩半，或是把面具剪得四分五裂的也有……多數人在創作這樣東西的同時，會把自身的鬱悶也好，思念也好，把一些情緒發洩出來。

在這一個藝術的場域中，我只是一個說故事的人，我僅僅是其中一個主角而已，於是我請每一位主角用文字的方式述說自己的作品故事。

## 一個一個哭了

後來，每一件作品都帶到了馬來西亞去展覽，當時有十二位創作者跟我一起去佈展以及作現場的解說。「人人藝術家」一開展就湧入大批的民眾湧入參觀，我們也吸引了不少當地的媒體、跨界藝術家以及園藝業者的關注，也提供了相當受歡迎的短期工作坊課程，並與當地文化學者進行了深度的交流。

然而，這一場展覽真正觸動人心的，是那一些來看展覽的民眾，站在一幅作品面前不住地流眼淚的身影。

其中，有一位爸爸帶了一個看起來有點問題的孩子，他站在其中一幅作品前面許久，再看了一眼作品的簡介，然後就哭了。我在現場注意到他，就走過去關心地問道，還好嗎？他就說了，他看到這一幅作品的創作者描述的「不要害怕面對自己真正的樣子」，突然有大受鼓舞的感覺，因為他有一個跟別人不太一樣的孩子，經常要忍受各處投來的異樣眼光，他常常要很努力才能保持微笑，而每到夜深人靜的時候他放聲痛哭著……然而，這一幅作品撫慰了他的心靈，原來不是只有他深陷在焦慮中，他其實可以像這一幅作品一樣展現出勇敢、不畏懼。哇！我聽完了心裡想著，這個展覽我們做對了。

POWERTEX ASIA LUCY HSU

# 替你的生命下標題

有一個女生帶著她的男朋友一起來參加工作坊，她看見每一個同學都述說了一個故事，所以她就說了最困擾她的事，事實上聽了她的問題以後，我會覺得有些同學老是當我是算命老師（笑）。她說跟男朋友同居了一段時間，但是兩個人一直無法有親密的行為。我聽了就問啊，「你們同居了多久？」「為什麼同居？」一些大家都會有的疑問。她又說了，她覺得男生還是對她很好，生理上也沒有問題，似乎也不是需要看醫生。**我想了一想就給了他們一人一張面具，簡單的跟他們說明如何操作，因為我真的不會算命啊！**（笑）但是，我使了一個小伎倆，我跟他們說「你們兩人互相不能說話，但是你們各自可以跟老師、跟同學說話」。

這時候，女生就從包包裡拿出了褲子，還有很多全新的性感內褲，「因為都穿不到啊」她說，所以她的就全帶到工作坊了，當我好奇的跟女生搭話的時候，就在一旁的男生眼神卻完全沒有要正視她的意思，我心裡想著，哇~這個男生完全沉浸在自己的創作中呢，於是我看了一眼男生的作品，一看心頭一驚，作品上的臉「別過去了」，他似乎是連看都不想看一眼，他沒有想要看別人，也沒有想要看他的女朋友。相反地，女生可是使盡了全力，「用盡全力」拿了牛仔褲的褲頭來，拉鍊打開、性感內褲露出來，就是要給他看啊。

女生替自己的作品下了一個標題「用盡全力」。一年之後，他們就分手了，依然是朋友。後來她跟我分享，她說她如此用盡全力，最後卻分手了，她應該會感到很痛苦才是，可是她沒有耶，她說也許是自己知道夠努力了，努力過了，這樣就可以了，她還說男生一直對她很好，這一段過程很好，不是非要得一個果。聽她可以這樣說，我替她感到欣慰。

## 「別注意我」

從多肉植物組合到雕塑的創作都要找出一個焦點，就是所謂的「主視覺」。多肉植物的樣貌很豐富，你把他叢聚在一起就變成一個主視覺，很多小小株的植物種在一起變成一幅很大的視覺。**而我們在做雕塑的時候，你手上一塊一塊的布料就像大地一樣，生命是從大地中冒出來的，你需要先把他造出來，大地就是你安在之處，你得先把立地造出來，最後你種上多肉植物，就像你賦予他靈魂一樣。**

首先，你要將你真實想表達的東西說明白，然後裝以靈魂。靈魂就是用生命、用多肉植物去象徵。

但是，一個生性就不想要「被注意」的人，在創作上會呈現什麼有趣的景象呢？我認識她很久了，她的視力完全沒有問題，就是經常地有一隻眼睛會斜視，跟她說話的時候會覺得，她一隻眼睛是看著你的，另一隻眼睛看別的地方。她跟我說過，她本來沒有斜視的，是在她國中的時候，爸爸突然過世，那時候的她完全不想要去理解爸爸過世的原因，以及她對爸爸的死連提及都不想提，從那時候開始她的一隻眼睛就變成斜視了。她逃避爸爸的死逃避得太深了，以至於長大以後的她，就算想要「正視」這一件事對她的影響，尋求了許多方法都效果不彰，於是她轉而來學習多肉組合設計，來尋找生命的解答。

我常常呼喚她「你看著我」，她聽到我的呼喚看著我的時候——都沒有斜視耶。事實上，她的作品一直都是優雅的、小巧可愛的，但是經常的都會有一株植物莫名地跑出去了、歪掉了，所以我會喊她。所以，她的眼睛事實上是正常的嘛，她靠自己就可以做到不斜視，我就跟她說了，「你的心有一塊不專心，不是你的眼睛有問題」，她就笑著回我說，好像是喔。於是，我就常常會注意到她、喊她。

之後，她也加入了人人藝術創作的工作坊，她當時替自己的作品下的主題是「別注意我」，我看到了就覺得很有趣啊，她身為一個多肉植物組合設計師，就是要讓別人看見她的設計、她的手藝，她的內心卻想逃避，讓人「別注意」她。後來，她就跟我說，其實她覺得自己的成長速度比別人慢，做得不好，所以會希望別人先不要注意她，她先努力看看，所以她想表達的心情是：她很努力，但是先不要注意她。

**「別注意我」的心情可不可以，沒什麼不可以啊，雖然我常常覺得她的作品會出現「偷偷注意別人」的樣子，真的很有趣啊。你也可以想一下，你會替你的人生下什麼樣的標題呢？**

別注意我

# 五感全開的瞬間

想像一下你走進了一個公園，你最先看到什麼？想像一下，把你的五感打開。首先是你的眼睛看到了一片綠意盎然的樹木、草地，再來你會聞到植物的氣息，然後你的耳朵會聽到風吹過樹梢沙沙地聲音，接下來你帶了野餐到公園裡，你選擇了一個角落坐下來細細品味舌尖上的滋味，這時候就是你五感全開的瞬間了。

**再舉一個例子，當我在做一個多肉植物組合的時候，我拿了一塊漂流木，一塊枯死的木頭，我想著的是如何讓他起死回生，這時候多肉植物扮演的就是重生的角色，代表重生的樣貌，當我把多肉植物叢聚在一起的時候，他就形成了一個主視覺，我想要連結的是我跟觀看者的一幅對話景象。**

任何的設計跟藝術都是傳遞感受的管道，那個感受必須有一個主焦，如果你不夠聚焦，觀看者自然就看不懂你想說什麼。你的表達是否有一個焦點？你希望別人看你是聰明伶俐的、學識飽滿的……那你表現出來的是相符合的形象跟內涵嗎？你想要表達真正的自我的同時，你需要經過沉澱、消化以後才能夠散發出來真正的樣子。

舉「生氣」這個例子來說，你說你現在很想生氣，然而你生氣之前一定有什麼事件在醞釀吧，你不會突然就生氣了，精神錯亂了才會這樣，是不是？所以帶到創作上也是一樣的，你要堆積過後才能表現，那個焦點、主視覺就是堆積過後的爆發，其中有喜、有怒、有哀、有樂，這樣的創作才能得到共鳴。

當我給了每一個人一張白色的紙面具，我帶入的是心理學家榮格的「人格面具」，榮格認為，人生就像一場歡慶的面具嘉年華。不管何時何地，不管如何努力，沒有任何一個人可以拿出「完整的自己」和他人相處、來往，不管和誰一起……

我們呈現出的都只是龐大靈魂的冰山一角。我把創作當作是一種生活的輔具，協助現場每一位素人創作者找到一個焦點，讓每一個人順勢將自己的一個面貌掏出來創作、訓練表達真實的感受，再練習去傳達給他人。**藝術就是這樣的東西，我就是讓你在創作的時候很放鬆，盡情地托盤而出你的一切，你想掩蓋的、你想張揚的，通通都會展現出來，你越不想說明白的，你表現出來的張力就會越高，因為你用作品代替你說話，這也是我在帶領同學們創作的時候感到最迷人的地方。**

## 我的表情

我在人人藝術家這一場工作坊跟展覽中創作了三幅作品。我在創作這三幅作品的時候，首先我是靜下來好好地思考「我到底是什麼」，先用理性去審視我的生活跟我的人生。

我是一個「老師」，這是我第一個念頭，「老師」是我的工作，在家裡的時候我也是當我的孩子的「老師」，仔細想想這個角色占據了我人生的大部分，所以我就雕塑了一個「魔法師」的樣貌，看起來華麗、抱有仰望的，事實上這個工作賦予我陪伴他人成長的責任，他人因此尊敬我，同時也會對我抱持比較高的期待，而為了符合這個期待，我必須加深我的素養。

再來，因為我是全心全意地投入我的工作，所以有時候我會覺得自己像個男人一樣，在外頭奮戰，經常表現出冷峻、理智、堅毅的模樣，首先我把紙面具剪成了一半，一半做成了男人，再用一件男人襯衫的兩條袖子，一條做頭髮，一條做領子，他的面目非常清晰、立體，非常俐落，剩下一半面具我做了女人的臉，感覺模糊的很，這就給了我一個提醒了，我是女人啊，我不可以忘了我女人的面貌。

所以，我的三幅作品呈現出來的是三個歷程，第一幅是表達，第二幅是省思，第三幅是修復。**我當女人的那一面很空洞啊，怎麼辦？**我就把這個女人的面貌做成柔美小公主的模樣，有捲捲的頭髮，弄一條可愛的圍巾，可是她還是面目不清，於是我在這個女人身上種上華麗的花，我在男人身上就種少一點，作為一種對自己的提醒——平衡再平衡。我覺得超棒的，可以同時跟這麼多的素人創作者一同創作、表達、省思、修復，我在其中也收穫許多啊。

當我給了每一個人一張白色的紙面具，我帶入的是心理學家榮格的「人格面具」，當作是一種輔具，協助現場每一位素人創作者找到一個焦點，讓每一個人順勢將自己的心掏出來創作、表達自我，再練習去傳達給他人。

# 一個個小小的意義變成大意義

創作一幅作品不一定要靠自己的力量，也可以集結大家的力量。有一些人天生就像是社會主義者，有著以大家的利益為利益的善良特質，是一種很難得可貴的珍寶，我一想到他們這一群人就會想到「溫良恭儉讓」、「委曲求全」這一些字眼，然而這樣的人也顯得較少主見，就比較不容易去找出自己作品的焦點，於是我就給了一個建議，讓他們共同創作一幅作品，讓他們聯合起來去發想。

一群人一起面對一大塊空白的橫幅畫板，一開始的時候大家也是你看我、我看你的，不知道從哪裡下筆好，沒有一個人想當領頭羊，第一個站出來畫第一筆，於是我就跟他們說了，一人一筆，大家排隊好了。於是，他們就開始自己組織了起來，很有秩序地、自發地由高到矮、從矮到高的一點、一捺、一橫、一豎，一人一筆地開始動員了起來。**雖然剛開始每個人都有點戰戰兢兢地，怕畫錯了，或怕畫得不好，我就再三地跟他們打氣說，沒有所謂的對錯，畫就對了。**

漸漸地大家開始有信心了，就更熱絡起來了，有人就說了「這裡是不是要有一朵花」，另一個人接著說「那要不要來一陣風」，想畫上什麼還會事先徵求其他人的同意，就這樣慢慢地完成了一幅作品。畫完了以後，我就將這一幅構圖切成了六塊，讓他們各自完成自己負責的那一塊構圖，最後就作成了一幅很有氣勢的「聯作」了。

這一幅聯作從「花繁葉茂」為第一塊，她替自己的創作下的標註是「春天，春暖花開，我化身花仙子，飛向花花夢幻世界，隨著風帶動葉草的舞動。花努力地綻放，好像是跟我招手歡迎我，大自然的力量吸引我與自然共舞」；第二塊是「花香蝶舞，日日是好日」，標註了「有一座願力的花園，不受寒暑侵襲，在他永不凋謝的花叢裡，我總能打從心裡聽見蝶飛、蜂鳴，如果可以讓你們都知道，這裡很歡迎你，歡迎你一起進入，喚醒自己的五感，更加認識自己」……，**每一個人展示出的都很一致，你從他們的作品中看不到他們突出自己以及個人的情緒，你看到的只有人與人之間的包容、彼此尊重。**

這一幅作品後來也放到了台北典藏植物園的一檔展覽上，當陽光透過天窗灑在這一幅作品的一大片展牆上，呈現出一種大器兼容的感覺，六位創作素人者在現場看到的時候，還異口同聲地表示被這樣的矚目覺得很不好意思，這麼明顯的位置是不是應該放更好的作品……然而，這一刻的驕傲、感動在他們跟我的內心裡都留下了深刻的記憶。

事實上，在我的眼中他們象徵的是「強而有力的依靠」，他們是別人的支撐，在任何一個群體裡面都需要這樣的人，基座因此才會穩健。「原來我也可以是主角」，透過這樣的一檔展覽以及講座會的交流，他們也上場分享了自己創作的心情，在那個時刻下，他們也明白了，原來自己也是有力量了，原來自己可以看重自己的，這也是藝術延伸出來的，把一個個小小的意義變成了一個大的影響力。

## 他們叫我黑法師

看到一起創作、一起探索生命的同學們一個個「改變」了，這是「老師」這一個工作最美好的地方。我不能說「改變」一定是好的或最好的，我只是看到每一個人都能夠從「坦然地」接受自己，繼而表現出安心、和諧地狀態，為自己的生命注入更多力量走下去。

有些同學會叫我「黑法師」，因為我在帶領同學探索生命的時候，往往也會把他們自己隱藏的，或是自己不知道的那一面探究出來，「哇，我怎麼忘了」、「我怎麼會不知道，原來我可以」……除此之外，**有一種多肉植物就叫「黑法師」。他在夏天的時候「夏眠」，像死掉一樣，樣子很可怕，事實上他在睡覺，到了冬天他就會活起來，像一株黑太陽一樣，同學們就說了，他就像我把沉睡的人喚醒一樣，所以就叫我「黑法師」。**

他們在感動的同時，就會認為我好像是算命師，好像有魔法一樣，其實「引導」只是其中一個環節而已，人的覺察還是要靠自己。對我來說，既然我給同學們這樣的感受，於是我也常像黑法師般，去設計出一些探索的工具，讓同學感受真實的自我與生命的連結。

幾年前，我在布魯塞爾的街上，遇到過一位七十幾歲的藝術家，我看到他有許多作品在櫥窗裡面展示，旁邊有一處空間就是他的工作室，我受到吸引就推門進去拜訪他，攀談了幾句了以後

黑法師

他就問我是做什麼的，我說我是藝術家，也是老師。他一聽就很直接地跟我說，「年輕人，你可能搞錯了喔，如果你是一個藝術家，你就不可能是一個老師；如果你是一個老師，你就不可能是一個藝術家。」我聽了一臉狐疑啊，難道是我的英文不好，聽錯了嗎？他就繼續說了，他說他是一個藝術家，他每一年光是做自己的創作，以及接客人的訂單就忙不過來了，怎麼有空教學，他每一年只空了兩周的時間，到法國南部的一間藝術學校作講習。

「所以年輕人，你是藝術家還是老師？」我帶著這個問題回到台灣很認真地想了半年。然後，我決定了，我要做「老師」。從此以後，我所有的研究都圍繞著「探索生命的全貌」，因為每一個人探索生命的方式不同，因此這成為我努力的目標，於是不知不覺地，我的學生就超越了三千人。我從一位位同學身上體認到，我一直在做的是幫你找到自己的定位，而我最大的工作就是「陪伴」而已啊，所以我自詡有一天，我真的可以化作一棵樹能夠「站好」就好。

# 母與子

**在人的生命歷程中，也會有一些不想面對、更不想接受的事，要坦然面對自己的傷口，很多人沒有勇氣，就這樣在心底腐爛著，這樣會生病的啊。於是我往藝術療癒的領域走去，我教導藝術在生活上的實踐，這樣的力量同時能作表達，也能做修復，那些不能見光的，埋在心中沒有一絲陽光的，都能因此得到慰藉。**

有一年，來了一位滿有藝術天份的朋友，她鼓起勇氣設定了「母與子」這個主題，做了兩個雕塑，一個媽媽帶了一個小孩。媽媽的身上穿一件像浴袍一樣的薄內衣，感覺很單薄、很冷，在一旁的同學看到了就說，給她穿上衣服啊，有什麼困難的。當時的她聽到了內心很複雜啊，她怎麼可能不會給「雕塑」穿衣服呢，技術上她肯定可以做到的，然而當這個雕塑變成「她」一樣時，那真的就變得好困難了。

現在可以說了。她曾經懷了第三個孩子，當時她的經濟條件真的太普通了，她跟先生都沒辦法再負荷第三個孩子，於是他們決定放棄這個孩子，然而作為一個女性，任何一個母親都很難忘懷這樣一件事，她扼殺的一個小生命。那時候她已經生了兩個女孩，而她覺得這個孩子是個男孩，所以她一直感覺到很愧疚、很痛苦。她不是比較想要一個男孩，她只是一直認為他就是一個男孩，她一直想著，要是她當時把他生下來了，他現在七歲了吧，一想到此她的心就苦澀不已，於是她就做了一個小男孩的雕塑，也替他做了一件很單薄的衣服，然後她看著這一對母子良久，卻遲遲無法再下手，再去做任何的添加。

後來，她感覺到這個小男孩好像想說些什麼，七歲的他應該正值活潑、好動的年紀吧，所以她就做了一顆球放在他的腳邊，像是要給他去玩一樣。突然他看起來就好像活過來一樣，生動了起來，他的表情在她看來好像在說，「你別擔心啦，沒有這麼苦，我有我的快樂……」這時，她**的理智卻告訴她，其實這是一種在創作的過程中「自我安慰」的表現啦**。她一轉念就想著，好啦，這樣穿真的太冷了，就隨手拿來一件女兒不要的圍巾，剪成適合的大小再給他戴上，「這是姐姐的圍巾喔，給你戴」，媽媽不就是這樣嗎，把老大不用的東西給老二，再把老二的東西給老三，一種傳承的概念。接著，同樣的圍巾也剪一條給「媽媽」戴上，然後把「小男孩」跟「媽媽」的手牽在一起。

同學們常常會笑稱我是「人肉調色卡」，但是當她跟我說，不知道該為這一對雕塑上什麼顏色時，我的腦子卻是一片空白了。

第一次她塗上了全黑的顏色，所有人一看都覺得看起來太痛苦了，可不可以加一點藝術性，他們紛紛這樣跟她說。後來，她改成了青銅色，上完了這個顏色，她看見「媽媽」的臉更悲淒了，有兩道青銅的痕跡就像兩行淚一樣，她更不想這個樣子，她覺得好痛苦喔。在一旁的人看了就跟

我相信每一個人表達傷痛的方式不一樣，有些人一句話都不說，有些人需要盡情地訴說。對她來說，她靠著自然的力量引導，接受了撫平痛苦的記憶。而你可以選擇用你的方式走過每一關，即便你走不過去，想要無聲無息地放在心底，那也沒有關係的喔。

她說，就哭出來吧，「老師不是常常跟我們說，覺得難過就要哭出來啊」，她聽了就跑去隔壁的房間大哭了一頓。出來了以後，她就決定把「母與子」塗成銅金色，象徵這一段記憶的「經過」，這就是「母與子」最後的呈現，當她做完這一幅作品之後，就再也沒有拿這一件事跟先生吵架了。

在造成一個遺憾的存在以後，我們不免會去折磨身邊的人。所以在此之前，她不時地就會拿這一件事情去折磨先生，她會把沒辦法留住孩子這一件事歸咎於先生，她認為他沒有勇氣，她認為再撐一撐是可以留的。後來，她做完了「母與子」有一天還跟她先生開玩笑說，再生一個好嗎？她先生就跟她說，「別鬧了、別開玩笑了～」

我相信每一個人表達傷痛的方式不一樣，有些人一句話都不說，有些人需要盡情地訴說。對她來說，她靠著自然的力量引導，接受了撫平痛苦的記憶。而你可以選擇用你的方式走過每一關，即便你走不過去，想要無聲無息地放在心底，那也沒有關係的喔。

# 安身立命

一直以來、尤其是在做多肉植物組合的時候，我都會使用一些裝置技術，將多肉植物裝置在玻璃上、金屬上、木頭上或任何材質上，老實說其中會有各種情境呈現，其實對一般人來說是困難的，再加上要種出高雅、種出氣度那就更困難了，沒有反覆地練習、再練習，一般人很難達到。我就在想了，多數人想要培養的是一種雅興，有必要將種植物這一件事，在技術上弄得如此困難嗎？

於是，有一天我就拿了「瓶心靜氣」這個作品來端詳他，端詳了一下之後，我就用雕塑的方式幫他重做了一個安穩的口袋，也有點像圍上圍巾一樣，做在玻璃瓶上，那一個口袋就像替植物留的一塊地，有了那一塊地，把多肉植物種進去需要的技術就降低很多了，變得好種多了。我把這一件作品給種過「瓶心靜氣」的同學一看，他們就跟我說「哇~老師找到了一個安身立命的好方法呢」。

「瓶心靜氣」因此掙脫了「網子」的束縛，他降低了困難，一樣可以高雅。**我曾經分享過，植物可以感知到危險這一件事，上頭的枝葉被剪了、被削平了，他就會通知左右兩側的枝葉趕快長，事實上這也像是一種使命感，他感知到了困難降臨，於是發出電訊號，去通知其他枝葉，我**也是一樣的，我已經擁有了「平心靜氣」，而我感知到了「瓶心靜氣」有多困難，因此我有使命要將困難降低，以此教更多人可以收穫跟我一樣的「平心靜氣」。

## 覺察與對話

**我是一個從養護植物，到做成多肉組合盆栽的一個感受的傳遞者。**我在做多肉組合盆栽的時候覺悟到了，當我的生命跟他人的生命交織在一起，我就沒辦法把我自己當作一個完全獨立的個體。這一件事說起來有點嚴肅，你可能常常會說，你自己一個人就好，反正你也不跟人家爭，所以你不需要跟其他人往來，尤其是在你對一些事情感到無能為力的時候，你特別會這樣去主張，說你與世無爭、過著雲淡風輕的日子；你可以不用吃的特別好、特別豐富，你可以沒有欲望，你可以獨活……然而，這是真實可能的嗎？

我會這麼說是因為即便是《魯賓遜漂流記》裡的魯賓遜，他都得靠椰子樹的椰子、海洋裡的魚蟹，吃掉那些他才可以活下來，你怎麼還能認為你是一個人而已呢？你仔細想一想，事實上你只是覺得你沒有同類而已，你身邊有很多人，他們只是跟你不一樣，你只是不接受這一點。

我們可以選擇不要跟太多的人往來，但我們不要有一顆絕望的心，「算了吧，我一個人就好」，不要這樣催眠自己，這樣你在建立任何關係上都穩健不了。舉例來說在親子關係上，孩子養得不好、有很多問題，你就說「這孩子是投胎來折磨我的」、或「算了，我未來也沒想靠他」……你盡是想一些負面情緒的字眼，你就破壞了你跟孩子的關係，更糟糕的你可能還這樣對孩子說，當

POWERTEX ASIA
FIGUIÈRE
安身立命

孩子的面否定孩子，孩子也回說「我可以一個人過」、「我不用你管」……親子關係就陷在否定中了。

我曾經在一場演講中遇到一個媽媽，當天我在現場一開口就問大家「你們今天過得好嗎？」一般聽眾都會回應我說「還好」或「不好」。我會告訴他們，因為我們經常地都不會問候自己，而每一天我們都需要認真問候自己，所以我才會這樣問大家。於是我又再問了「那有沒有今天過得好的人，可以跟我分享一下，你今天為什麼過得好？」那天，有一個媽媽很開心、很勇敢地舉手了，她說「我！我過得很好喔！」

「我有一個很棒的兒子，他每天都會問我，『媽媽今天好嗎？』」聽她這麼一說，全場的聽眾都投以微笑、報以掌聲。是不是好甜蜜、貼心的一個孩子，誰每天會跟媽媽請安的，我今天跟媽媽請安過了嗎？我在台上自己聽了都覺得汗顏，所以在那一天以後我三不五時地就會跟我媽媽請安，這是一個快樂的簡單來源。這是不是一件很簡單的事，怎麼就做不到呢？

我又再問她了，「你的孩子很棒，你有擔心過這個孩子嗎？」她就說了，她最擔心的就是孩子一直還沒結婚。她擔心孩子老了以後孤家寡人一個，沒有人照顧。我就反問她了，「現在是誰在照顧你呢？」，她說「我自己照顧我自己啊！」我一聽就微笑說，「你剛剛的擔心，可不可以用你現在說的『我自己照顧我自己啊！』來回答呢，你的孩子跟你一樣可以照顧自己，你何必擔心呢？」她一下子就沉默不語了。

在探索生命的過程，自然會引領你的心、啟動你的覺察、與你對話，探索內在這一件事不用再向外尋找，你的心會長出一雙溫柔的手，撫慰你自己。從此以後，我們就可以用探索的過程跟所有人對話了！

所以，你今天過得好嗎？

# 二十四株多肉植物賞析

一群九十幾歲的老人家在貢寮海邊綁的樹皮小盆栽

# 新手入門推薦品種

1 **黃麗：**非常喜歡全日照，故名思義在全日照的環境下葉片顏色會轉黃，陽光強烈與溫差大的環境容易有紅邊，十分美麗。缺乏陽光時容易徒長，葉片會拉寬間距，非常容易掉葉。

2 **雪蓮：**葉片上有層厚厚、白色的粉霜，雪蓮在陽光充足的環境下，會呈現出淺粉色或淺紫色狀態，非常優雅的色調，清新脫俗。不過要小心，別輕易摸她的粉霜，這可是她的防曬粉底，有保護、不被陽光曬傷的功能。澆水不會輕易掉粉，請放心。

3 **女雛：**層疊葉片，小而密又緊緻，像小女孩一般細緻可愛。多日曬，限制水量很容易有紅邊的石蓮，也有很多人稱「紅邊石蓮」。

4 **寶草：**百合科十二卷屬多肉植物。寶草葉片肉質，緊密呈蓮座狀排列，長匙狀葉片，前端斜尖，尖處有細長刺；葉色翠綠，是標準懶人植物；種類繁多，對環境陽光要求低，喜溫暖而濕潤及半蔭的環境，非常好生養。

5 **乙女心：**葉片外貌肥圓，像嬰兒手指一般，故大家多稱俗名「嬰兒手指」。喜歡比較多的日照與冷涼的環境，在台灣夏季要限制給水。

6 **桃之驕**：「Peach Pride」學名中想展現的是桃子堅強的傲氣，但大眾普遍喜愛討喜可愛的模樣，俗名稱「桃之嬌」有心理上嬌滴依賴的感覺。不過，這品多肉植物是真的好養不傲嬌，也容易成樹狀，你喜歡哪個名字都好。

7 **筒葉花月**：又稱史瑞克的耳朵，有看過動畫史瑞克就能明白為何有此名號了。又稱吸財樹，一定是太可愛，會讓人想掏出錢買回家，商人吸財成功後，很開心證實的名字。

8 **子持蓮華**：「子持」為「牽著孩子的手」，取名者精確地形容了這品植物的外型，匍匐加上滿溢叢生的蓮座更是能象徵父母無微不至的愛。春天到，灌溉水分後，葉片攤開，便是猛烈生長期，是十分溫暖動人的一品植物。

9 **東美人**：俗名又稱「冬美人」，美人群列，屬模樣清麗，如東方美人。冬日冷冽時都有堅毅的表現，對環境要求不高，生命力十分頑強；葉敷成功率高，對新手來說是極佳入門款。

10 **初戀**：說到初戀，沒有不受傷的……輕碰非常容易掉葉，溫差大的時候，緋紅面貌如初戀的嬌羞，非常迷人。別怕葉子掉，如同別怕談戀愛，葉子掉多了，總會落地生根。

11 **雅宴曲**：多產，常綠，葉緣有鋸齒狀，容易成樹狀，從一小株單植養成樹形，約莫一至二年時間，便可體會植物挺立木質化的過程。在台灣夏季潮濕高溫的環境下屬較容易存活的品種。

12 **超武雄縞瓣**：粉紅色緊密層疊的葉片，粉嫩的葉面佈滿白色的粉霜，如名字中的「縞」意思為白色的絲織品。也因為特別扁平的外貌，同學常笑稱像踩扁的酸梅。

13 **朧月**：葉片顏色灰白，如月色朦朧。生長速度快，常見朝南陽台養成多肉瀑布的品種，也是可食用品種；新手入門最佳品種推薦，葉敷成功率極高。

14 **仙福兔耳**：仙女之舞與福兔耳的雜交種。坊間兔耳系列眾多，此品雪白又帶鋸齒的特性，模樣討喜外，夏天非常好生養，只要土質排水性佳，依照土乾澆水，環境通風，在夏天新手初養極具成就感。

15 **彩虹馬齒莧**：特性匍匐蔓延，小巧的葉片顏色豐富。夏季有陽光時開花，無陽光時花朵會閉合，經常見路邊廊前種成一大盆垂吊，花朵向陽伸出的姿態非常具生命力。

16 **黃金萬年草**：在冷涼國家常見用來當地披或是種植在屋頂上，身形金黃色，一朵朵小花叢聚一片，如溫暖的花叢，深受造景設計盆栽廣用。

17 **錦牡丹**：花卉群芳中以牡丹為第一，故世謂花王。多肉植物錦牡丹葉形雖常綠，但貌似花卉牡丹豐厚，取其冠絕群華之姿。

18 **短葉黛比**：葉片厚，大多數時間呈粉紅色，冬季日照足，顏色會更加紅潤。「黛比」名源自希伯來語「Deborah」的暱稱，原為蜜蜂之意，Deborah 是女先知，用在植物身上有智慧女人之意。

19 **尖葉黑法師：**黑色植物本就比較少見，除黑色葉片的神祕感外，挺立的姿態頗具仙風道骨，骨幹瘦弱，多用以比喻氣質超塵絕俗。

20 **十二之卷：**屬硬葉系，不怕觸碰，較為耐陰。太強的陽光會讓葉片焦枯，適合養在辦公室，二星期澆水一次即可，非常好種。

21 **紐倫堡珍珠：**喜光照，喜溫暖、乾燥和通風的環境，陽光充足葉片呈粉紅或淡紫色，光照較不足的情況下葉色呈深綠色或灰綠色。名稱意為「古城的珍珠」，有特有的光澤。

22 **老樂：**藍色的葉片，粉紅的邊緣，獨一無二脫俗氣質，一品讓人看了就歡喜的植物。市場常見品種、好養，但要養的美，新手入門可得有耐心。迷人推薦款。

23 **七福神：**夏季休眠，喜愛乾燥冷涼環境。「七福神」在日本信仰中被認為會帶來福氣。圓潤飽滿的蓮座外型，叢生之姿實在富態，名字自是取「福氣」之意。

24 **綠之鈴：**常綠型，葉子一顆顆像鈴鐺球狀，匍匐蔓延生長，經常養以吊盆垂墜型態。特性喜水，與一般超耐旱多肉植物不同，不可過分乾燥，可練習取一段扦插，養成一大盆成就感十足。

雪蓮：葉片上有層厚厚白色的粉霜，雪蓮在陽光充足的環境下會呈現出淺粉色或淺紫色狀態，非常優雅的色調，清新脫俗。

黃麗：在全日照的環境下葉片顏色會轉黃，陽光強烈與溫差大的環境容易有紅邊，十分美麗。

女雛：層疊葉片，小而密又緊緻，像小女孩一般細緻可愛，也有很多人稱紅邊石蓮。

寶草：葉片肉質，緊密呈蓮座狀排列，長匙狀葉片，前端斜尖，尖處有細長刺；葉色翠綠，是標準懶人植物。

桃之驕：Peach Pride，學名中想展現的是桃子堅強的傲氣，俗名稱「桃之嬌」─有心理上嬌滴依賴的感覺。

乙女心：葉片外貌肥圓，像嬰兒手指一般，故大家多稱俗名「嬰兒手指」。

子持蓮華：「子持」為「牽著孩子的手」取名者精確地形容了這品植物的外型，匍匐加上滿溢叢生的蓮座更是能象徵父母無微不至的愛。

筒葉花月：又稱史瑞克的耳朵，有看過動畫史瑞克就能明白為何有此名號了。又稱吸財樹。

東美人：俗名又稱冬美人，美人群列，圖模樣清麗，如東方美人，冬日冷冽都有堅毅的表現。

初戀：說到初戀，沒有不受傷的……輕碰非常容易掉葉，溫差大的時候，緋紅面貌如初戀的嬌羞，非常迷人。

超武雄縞瓣：粉紅色緊密層疊的葉片，粉嫩的葉面佈滿白色的粉霜。

雅宴曲：多產，常綠，葉緣有鋸齒狀，容易成樹狀，從一小株單植養成樹形，約莫一至二年時間。

仙福兔耳：仙女之舞與福兔耳的雜交種。

朧月：葉片顏色灰白，如月色朦朧。

黃金萬年草：身形金黃色，一朵朵小花叢聚一片，如溫暖的花叢。

彩虹馬齒莧：特性匍匐蔓延，小巧的葉片顏色豐富。

短葉黛比：葉片厚，大多數時間呈粉紅色。

錦牡丹：花卉群芳中以牡丹為第一，故世謂花王。

十二之卷：屬硬葉系，適合養在辦公室。

尖葉黑法師：黑色植物本就比較少見，多用以比喻氣質超塵絕俗。

老樂：藍色的葉片，粉紅的邊緣，獨一無二脫俗氣質，一品讓人看了就歡喜的植物。

紐倫堡珍珠：名稱意為古城的珍珠，有特有的光澤。

七福神：名字自是取福氣之意。

綠之鈴：常綠型，葉子一顆顆像鈴鐺球狀。

本書的作品與攝影圖片由小琬老師與學員共同創作

# 植物的翻譯師

## 選擇一個向內突破的力量——原來是多肉植物啊。


作　　者 / 許小琬
責任編輯 / 賴曉玲
版　　權 / 黃淑敏、翁靜如、吳亭儀
行銷業務 / 莊英傑、王瑜、周佑潔、黃甍芠
總 編 輯 / 徐藍萍
總 經 理 / 彭之琬
事業群總經理 / 黃淑貞
發 行 人 / 何飛鵬
法律顧問 / 元禾法律事務所 王子文律師
出　　版 / 商周出版
地址 : 台北市中山區 104 民生東路二段 141 號 9 樓
電話 :(02) 2500-7008 傳真 :(02)2500-7759
E-mail:bwp.service@cite.com.tw
發　　行 / 英屬蓋曼群島商家庭傳媒股份有限公司城邦分公司
台北市中山區 104 民生東路二段 141 號 2 樓
書虫客服服務專線 :02-2500-7718.02-2500-7719
24 小時傳真服務 :02-2500-1990.02-2500-1991
服務時間 : 週一至週五 09:30-12:00.13:30-17:00
郵撥帳號 :19863813 戶名 : 書虫股份有限公司
讀者服務信箱 :service@readingclub.com.tw
城邦讀書花園 :www.cite.com.tw
香港發行所 / 城邦 ( 香港 ) 出版集團有限公司
香港灣仔駱克道 193 號東超商業中心 1 樓
E-mail:hkcite@biznetvigator.com
電話 :(852)25086231 傳真 :(852)25789337
馬新發行所 / 城邦 ( 馬新 ) 出版集團
Cit é (M) Sdn. Bhd.
41, Jalan Radin Anum, Bandar Baru Sri Petaling,
57000 Kuala Lumpur, Malaysia
電話 :(603)9057-8822 傳真 :(603)9057-6622
封面設計 / 維莉圖像設計工作室
內頁設計 / 張福海
印　　刷 / 卡樂彩色製版印刷有限公司
總 經 銷 / 聯合發行股份有限公司
地址 / 新北市 231 新店區寶橋路 235 巷 6 弄 6 號 2
電話 :(02)2917-8022 傳真 :(02)2911-0053

■ 2019 年 12 月 12 日初版
定價／ 480 元　　ISBN 978-986-477-764-8
Printed in Taiwan





**國家圖書館出版品預行編目 (CIP) 資料**

植物的翻譯師 : 選擇一個向內突破的力量——原來是多肉植物啊。／許小琬作 . -- 初版 . -- 臺北市 : 商周出版 : 家庭傳媒城邦分公司發行 , 2019.12　面 ;　公分
ISBN 978-986-477-764-8( 平裝 )

1. 人生哲學 2. 生活指導

191.9　　108019844